Ullstein

Die Autoren

Peter Gaymann wurde 1950 in Freiburg im Breisgau geboren. Er gehört zu den erfolgreichsten deutschen Cartoonisten. Seine unverwechselbaren Zeichnungen und Drucke – Hühner sind sein Markenzeichen – sind in vielen Ausstellungen im In- und Ausland zu sehen. Außerdem erscheinen sie regelmäßig in Magazinen wie *Stern*, *Brigitte*, *Bunte* und anderen. Gaymann lebt heute, nach mehrjährigem Aufenthalt in Rom, als freier Zeichner, Graphiker und Vater von zwei Kindern in Köln.

In unserem Hause sind von Peter Gaymann bereits erschienen:

Esoterische Hühner
Herzlich willkommen!
Schön reich sein
Gaymann's Hühner

Andreas Hauffe wurde 1955 in Salzgitter geboren. Er studierte Germanistik und arbeitete als Kabarettist, Musiker und Gastronom. Heute lebt er als freier Autor in Köln.

Ullstein Taschenbuchverlag
Der Ullstein Taschenbuchverlag ist ein Unternehmen
der Econ Ullstein List Verlag GmbH & Co. KG, München
1. Auflage 2001

Einzelabdruckrechte: Cartoon Concept, Postfach 1269, 30012 Hannover
Umschlagkonzept: Lohmüller Werbeagentur GmbH & Co. KG, Berlin
Umschlaggestaltung: Bezaubernde Gini, München,
unter Verwendung einer Zeichnung von Peter Gaymann
Satz: Schaber Satz- und Datentechnik, Wels
Druck und Bindearbeiten: RMO-Druck, München
Printed in Germany
ISBN 3-548-36307-5

Peter Gaymann / Andreas Hauffe

Der Weihnachtsmann kann einpacken

Ein Elch packt aus

Ullstein

WELT
TOURNE

O je, du fröhliche« und »Alle Jahre schon wieder« geht es vielen am heiligen Abend durch den Kopf. Aber diesmal war alles so, wie es sein sollte. So, wie es sich gehörte. So, wie man es aus Märchenbüchern oder Zeichentrickfilmen kannte – einfach perfekt. Dicke Schneeflocken fielen vom Himmel und glitzerten im Laternenschein. Eine leichte Brise sorgte dafür, daß die Flocken noch einmal einen wirbelnden Tanz in der Luft aufführten, bevor sie sich, auf der inzwischen beachtlichen Schneedecke niederließen. Alles war weiß. Alles war in eine dicke weiche, weiße Decke gehüllt: Häuser, Autos, Bäume, Hecken und Mülltonnen. Auf die Kristalldecke fiel das schimmernde Licht aus den Fenstern der Häuser. Hinter vielen Fenstern waren die Kerzen der Weihnachtsbäume zu sehen. Menschenleer glitzerten und funkelten die Straßen. Der Gottesdienst war längst vorüber. Und in den Stuben warteten große und kleine Kinder auf die Bescherung, auf den Weihnachtsmann.

❄

Aber nicht alle Leute waren heute zu Hause bei ihren Familien und sangen Weihnachtslieder. Der allgegenwärtige Rosenverkäufer zum Beispiel war heute auch unterwegs. Ein Typ der offensichtlich die Fähigkeit besitzt, sich an vielen Orten der Welt gleichzeitig aufzuhalten und darüber hinaus auch noch den sagenhaften Trick beherrscht, seinen Lebensunterhalt zu verdienen, ohne jemals auch nur eine einzige Rose zu verkaufen. Doch auch andere mußten an diesem Abend ihre Arbeit tun: Taxi- und Straßenbahnfahrer, Polizisten, Feuerwehrleute, Rundfunksprecher, Fernsehmoderatoren, Nachtwächter und natürlich der Weihnachtsmann. Aber abgesehen von all denen, waren heute noch drei Kerle unterwegs, die sich für den Abend etwas ganz Besonderes vorgenommen hatten: ein Paparazzo, ein Journalist und ein Kameramann. Die drei lungerten seit einiger Zeit an einer dunklen Straßenecke mit der Absicht herum, den Elch anzubaggern, der sich auf der gegenüberliegenden Straßenseite befand. Der Elch stand vor einem hohen Haus mit fünfundzwanzig Stockwerken und trat von einem Bein auf das andere, das andere und das ganz andere hinten links, um sich ein bißchen warmzuhalten. Sein Chef öffnete gerade die große Glastür und verschwand in dem hohen Haus. Jetzt war der Moment gekommen, auf den die inzwischen völlig durchgefrorenen Männer gewartet hatten.

»Na endlich, das wird aber auch Zeit«, sagte der mollige Kameramann und rieb sich die Hände. »Wenn nur diese verdammte Kälte nicht wär.«

»Wem sagst du das?« erwiderte der Journalist.

»Dir«, bibberte der dürre Paparazzo, der für die Jahreszeit etwas spärlich gekleidet war. Er trug lediglich Jeans und Lederjacke. »Ist halt alles nicht mehr so wie früher«, fügte er noch hinzu.

❄

Das stimmt. Früher glaubten nicht alle Leute an den Weihnachtsmann. Dafür glaubten sie alles mögliche. Das lag vor allem daran, weil es noch keine Kaffeemaschinen, elektrischen Mixer, Toaster und Fernsehgeräte gab. Viele konnten auch gar nicht lesen, und selbst wenn, gab es weder das neueste Lucky Luke, noch Tausende von Neuerscheinungen jähr-

WE

lich, sondern nur ein dickes Buch, das den Leuten vorschrieb, was sie zu glauben hatten. Und das taten sie. Auch die, die nicht lesen konnten, glaubten alles, was die, die lesen konnten, ihnen erzählten. Glauben war damals einfach eine sehr weit verbreitete Freizeitbeschäftigung. Schließlich gab es auch noch keine Kinos und kein Internet. Also setzten sich die Leute vor den Ofen und – glaubten. So blieb es nicht aus, daß mitunter der allergrößte Quatsch geglaubt wurde. Nicht wenige ließen sich sogar dazu hinreißen, an Hexen zu glauben. Aber es gab auch noch andere Irrtümer. Dazu gehörten unter anderem Elfen, Feen und Sagengestalten, die sich später als absoluter Mumpitz herausstellten. Dann gab es noch Wesen wie den Yeti oder den Weihnachtsmann, von denen die einen behaupteten, es gäbe sie wirklich, und die anderen sagten, sowohl Yeti als auch Weihnachtsmann gehörten ohne Frage in die Kategorie absoluter Mumpitz.

Dann kam der Fortschritt und mit ihm Kaffeemaschinen, elektrische Mixer, Toaster und Fernsehgeräte. Und je weiter der Fortschritt fortschritt, desto mehr ließ die ganze Glauberei nach. Immer mehr vertraten die Meinung, Wissen sei eine erheblich bessere Angelegenheit als Glauben.

❄

Und ganz genau zu denen gehörten auch dieser Paparazzo, der Journalist und der Kameramann, die hier und jetzt dem Elch auflauerten. Sie wußten nicht nur, daß der Elch der engste Mitarbeiter des Weihnachtsmannes war, sondern auch, daß er sprechen konnte. Das wußten der Paparazzo und der Kameramann von dem Journalisten, und der wußte es, weil er gründlich recherchiert hatte. Über den Weihnachtsmann hatten sie nur in Erfahrung gebracht, daß er Paparazzi, Journalisten und Fernsehkameras haßte wie die Pest. Aus diesem Grund hatten sie den Fahrstuhl des Hochhauses so präpariert, daß er später, auf der Fahrt nach unten, mit dem Weihnachtsmann stecken bleiben mußte. Ihr Ziel war es, Zeit zu gewinnen, um mit dem Elch ein Interview zu machen. Wenn sie ihn dazu bringen konnten, mit ihnen zu sprechen, wären sie ruck-zuck auf der Überholspur des Lebens. Der Journalist würde einen Artikel über die Arbeit des Weihnachtsmannes und den Elch schreiben, für den der *Spiegel*, der *Stern* oder der *Focus* sich wahrscheinlich gegenseitig überbieten würden. Zusammen mit gelungenen Farbfotos des Fotografen wäre da ein Vermögen drin. Ganz abgesehen davon, daß sie weltweit noch eine Menge für die Fernsehrechte rausschlagen könnten, wenn dem Kameramann eine gute Dokumentation über ihr Vorhaben gelänge. Kurz, die drei waren trotz der Kälte guter Dinge. Immerhin waren Ruhm und Reichtum in greifbarer Nähe.

❄

»Na denn mal los«, zischte der Paparazzo, und die drei Herren stapften durch den tiefen Schnee auf den Elch zu, der ihnen sehr gelassen entgegensah.

Als sie vor ihm standen, trat zunächst betretendes Schweigen ein, denn jetzt kam ihnen ihr Vorhaben doch sehr albern und kindisch vor. War es nicht wirklich etwas abwegig, mit einem Tier ein Interview führen zu wollen? Nachdem sie eine Weile so dagestanden hatten, beendete der Kameramann die inzwischen unangenehme Stille mit einem Scherz.

»Guten Abend, wir sind die Heiligen Drei Könige und wollen die Geschenke abholen«, sagte er. Daraufhin rammte ihm der Journalist den Ellenbogen in die Rippen, und der Kameramann probierte es mit einer entschuldigenden Geste. Der Elch schaute sich die Geste an und machte ein grunzendes Geräusch. Instinktiv traten die drei einen Schritt zurück. Nach einem weiteren grunzenden Geräusch, das eine gewisse Zufriedenheit auszudrücken schien, nahm der Elch das Maul voll Schnee, begann darauf herumzulutschen und glotzte so außerordentlich dämlich in die Gegend, wie es eben nur Elche können.

»Ähm«, sagte jetzt der Paparazzo, und die anderen beiden schauten ihn erwartungsvoll an, was den Paparazzo zunächst ein wenig verunsicherte. Er fing sich aber schnell wieder und fuhr fort: »Ich bitte die Störung entschuldigen zu wollen, aber... äh... es geht darum, daß... äh... wie soll ich sagen... wir gerne die eine oder andere Frage an dich... äh... an Sie gerichtet hätten. Wenn Sie erlauben.«

Der Elch schabte mit einem Huf im Schnee und schüttelte sich.

»Was meint er damit?« wollte der Kameramann wissen.

»Keine Ahnung«, sagte der Journalist. »Laß mich mal!« Der Journalist ging auf den Elch zu und räusperte sich. Der Elch hob den Kopf und glotzte.

»Wir sind gekommen«, sagte der Journalist, »weil wir Ihnen ein lukratives Geschäft anbieten möchten. Das heißt, wir möchten Ihnen einige Fragen betreffs Ihrer Arbeit und Ihres Lebens stellen. Gegen ein vernünftiges Honorar versteht sich. Was halten Sie davon, Herr... äh... Elch?«

Der Elch schaute durch die drei hindurch auf etwas, das sich in weiter Ferne zu befinden schien.

DM 1000

»Wenn ihr mich fragt«, sagte jetzt der Paparazzo, »wir verplempern hier unsere Zeit. Dieses Vieh kann gar nicht sprechen. Das ist ein stinknormaler Elch.«

Seine Kollegen schauten den Paparazzo an, als wäre er ein Wesen von einem anderen Stern, das verbotenerweise in öffentliche Grünanlagen gepinkelt hatte.

»Wenn das ein stinknormaler Elch ist«, mischte sich jetzt der Kameramann ein, »wieso steht er dann hier am heiligen Abend mitten in der Stadt vor dem Hochhaus? Und wieso ist dahinten ein Schlitten dran? Und wieso haben wir eben gesehen, wie der Weihnachtsmann persönlich von dem Schlitten stieg und in dem Haus verschwand?«

»Nur weil er den Schlitten vom Weihnachtsmann zieht, heißt das doch noch lange nicht, daß er sprechen kann, oder? Hunde ziehen auch Schlitten und Pferde auch. Hat vielleicht einer von euch schon mal einen Hund oder ein Pferd sprechen hören? Ich meine, vielleicht ist ja die Anatomie von so einem Elch gar nicht dafür geeignet, Interviews zu geben. Manchmal haben ja sogar Politiker enorme Schwierigkeiten mit so was.«

Dem Argument hatten der Journalist und der Kameramann nichts entgegenzusetzen. Allerdings bestand der Journalist darauf, daß seine Recherche absolut wasserdicht sei und eindeutig ergeben habe, daß dieser Elch sprechen könne.

»Wahrscheinlich will er nur nicht«, sagte er. »Ich nehme an, er spricht halt nicht mit jedem.«

»Du meinst, der kann sprechen und tut es einfach nicht?« wollte der Paparazzo wissen und zitterte inzwischen wie Espenlaub. »Das ist doch, ich meine, das wär doch…« Der Gedanke, daß es wirklich so sein könnte, verschlug dem Paparazzo die Sprache. Wieder standen die drei schweigend da, und weil sie nicht wußten, was sie tun sollten, starrten sie den Elch an. Der schwieg auch, starrte seinerseits die drei Männer an und schnaubte weiße Dampfwolken in die Luft.

Nach einer Weile völlig ratlosen Herumstehens sagte der Kameramann: »Schöne Bescherung, und nun, was machen wir jetzt?«

»Ich weiß auch nicht«, antwortete der Journalist sichtlich enttäuscht, und auch seine Zähne klapperten jetzt vor Kälte. »Seht ihr das kleine Lokal dahinten?«

Sie sahen das kleine Lokal dahinten. Die Leuchtreklame ULTIMO war nicht zu übersehen. »Da könnten wir einen Glühwein trinken und uns aufwärmen. Die Bedienung ist auch sehr nett, und hübsch obendrein.«

»Kann sie auch sprechen?« fragte der Paparazzo zynisch und grinste breit über seinen eigenen Scherz. Aber der Blick des Journalisten fegte das Grinsen schnell aus seinem Gesicht.

»Also gut, gehen wir«, sagte der Paparazzo. »Aber damit wir nicht mit völlig leeren Händen verschwinden, mache ich noch schnell ein Foto vom Elch.«

Mit zittrigen Händen fingerte er seinen Fotoapparat heraus und sagte: »Bitte recht freundlich!« Der Elch schaute recht freundlich, und der Paparazzo drückt auf den Auslöser in der Hoffnung, das Bild nicht verwackelt zu haben.

»Na dann, frohes Fest«, sagte der Kameramann frustriert zum Elch, und die drei drehten ihm den Rücken zu, um zu gehen.

❄

»Was einen im Leben immer so richtig runterzieht, sind Leute, die zu schnell aufgeben, finde ich«, sagte der Elch mit einer tiefen, rauhen Stimme. »Trotzdem, frohes Fest.«

Die drei blieben wie angewurzelt stehen. Nach einer kurzen Weile schaute zuerst der Journalist den Kameramann an, dann der Kameramann den Paparazzo und der wiederum den Journalisten. Zu diesem Austausch der Blicke sei nur soviel gesagt, daß sowohl der Kameramann als auch der Paparazzo überrascht dreinblickten, während der Journalist etwas überhebliche Züge aufwies, die jetzt, da sich seine Recherche als richtig herausgestellt hatte und die Aussicht auf Ruhm und Reichtum wieder so gut wie greifbar waren, durchaus eine gewisse Berechtigung zu haben schienen.

»Heh, was ist denn mit euch los, wollt ihr da einschneien? Was laßt ihr denn so springen für ein Interview?«

Bevor die drei sich zu dem Elch umdrehten, konnte es sich der Journalist nicht verkneifen, dem Paparazzo noch zuzuflüstern: »Stinknormaler Elch, hä?«

Dann machten sie dem Elch ein Angebot, das er ablehnte. Sie machten ihm ein zweites Angebot, das er ebenfalls ablehnte. Das dritte nahm er schließlich an, weil er einfach nicht unverschämt wirken wollte, und die drei waren begeistert. Der Elch war tatsächlich bereit, ein Interview zu geben. Auf der Stelle war die Kälte vergessen. Der Journalist kramte seinen Notizblock hervor, der Paparazzo legte einen neuen lichtempfindlichen Film ein, und der Kameramann brachte die Kamera in Position. Nach kurzem hektischen Treiben konnte es dann endlich losgehen.

»Also, können wir anfangen?« fragte der Journalist.

»Ja«, sagte der Kameramann und der Paparazzo nickte.

»Ja, ist gut«, sagte auch der Elch. Er fühlte sich jetzt, als die Kamera auf ihn gerichtet wurde, ziemlich wichtig, und er wurde auch ganz schön nervös. Das entging dem berufserfahrenen Journalisten natürlich nicht. Er versuchte, ihm die Nervosität ein bißchen zu nehmen, indem er einen sehr ruhigen Tonfall anschlug.

»Das beste wird wohl sein«, sagte er, »wir fangen von vorne an. Versuchen Sie ganz locker zu bleiben, und tun Sie so, als wäre die Kamera gar nicht da. Reden Sie einfach, wie Ihnen der Schnabel... äh... das Maul gewachsen ist. Vielleicht erzählen Sie zunächst mal, wie und wo Sie aufgewachsen sind, Ausbildung usw. Okay?«

»Okay«, sagte der Elch, räusperte sich kurz und begann:

❄

Also... äh... ich stamme aus einer armen Arbeiterfamilie. Mein Vater war Waldarbeiter, mein Großvater war Waldarbeiter und natürlich auch dessen Vater und dessen Vater. So war es ganz normal, daß meine beiden älteren Brüder und ich auch Waldarbeiter wurden. Aber schon kurz nachdem ich meine Lehre beendet hatte, wurde mir klar, hier im Wald wirst du nicht alt. Es zog mich in die Stadt. Da hab ich auf dem zweiten Bildungsweg das Abitur nachgemacht. Aber für ein Medizinstudium hat es nicht gereicht, und das Dumme war, daß ich einfach nicht wußte, was ich tun sollte. Ich wußte nur, daß meine zukünftige Tätigkeit etwas mit Reisen zu tun haben sollte. Die große weite Welt hat mich nämlich schon immer gereizt. Schon als kleiner Elch habe ich mit dem Huf Reisen auf großen Landkarten unternommen und mir vorgestellt, ich könne fliegen. Mann, o Mann, wenn ich damals gewußt hätte, daß das einmal wahr würde, ich hätte es nicht geglaubt. Na ja, einmal war ich dann drauf und dran, mich einem Wanderzirkus anzuschließen. Die Attraktion von diesem Zirkus war eine

menschliche Kanonenkugel, die durch das Zelt geschossen wurde und dann in einem Faß mit Butter landete. Manchmal haben sie sogar getroffen. Das blöde war, ich kannte den Typ, der da allabendlich durch die Manege geschossen wurde, von früher. Sein eigentlicher Beruf war Jäger. Das muß man sich mal vorstellen, der hat jahrelang als Jäger gearbeitet und sich dann auf Munition umschulen lassen – unglaublich. Jedenfalls hat der mir in jungen Jahren einmal ganz schön zugesetzt – ein Streifschuß hier hinten am Po. Das hat vielleicht weh getan.«

Als der Paparazzo das hörte, schlich er um den Elch herum und schoß ein Foto von seinem Hinterteil. Der Kameramann tippte sich an die Stirn, und der Elch fuhr fort: »Der Gedanke, diesen Kerl ständig in meiner Nähe zu haben, hat mir gar nicht behagt, und der Zirkus zog ohne mich weiter. Dann habe ich ganz unterschiedliche Jobs gemacht, hauptsächlich im Dienstleistungsbereich: Zeitungen ausgetragen, Straßen gefegt, Droschken gezogen und Schnee geschippt. Das ging ganz gut mit den Schaufeln hier oben am Geweih und…«

»Was uns viel mehr interessiert«, unterbrach ihn der Paparazzo, der inzwischen wieder ganz erheblich zitterte, »wie haben Sie den Weihnachtsmann kennengelernt, und wie sind Sie an Ihren jetzigen Arbeitsplatz gekommen?«

»Das wollte ich doch gerade erzählen«, sagte der Elch bockig.

»Laß ihn doch, wir haben Zeit«, beschwichtigte der Journalist den Paparazzo.

»Du hast gut reden«, sagte der. »Ich friere mir den Arsch ab.«

»Nun hört schon auf zu diskutieren, sonst werden wir hier nie fertig. Habt ihr eigentlich eine Ahnung, was so eine Kamera wiegt?« beschwerte sich jetzt der Kameramann. Nach dieser kleinen Unterbrechung schauten alle wieder erwartungsvoll auf den Elch. »Also gut, ich versuche mich kurz zu fassen. Es ist ja wirklich saukalt heute«, sagte der und erzählte weiter: »Irgendwann bekam ich einen Job in diesem schwedischen Möbelhaus. Da mußte ich jeden Tag als wandelnde Litfaßsäule vor dem Eingang auf und ab spazieren. Eine ziemlich eintönige Sache war das. Ich war mal wieder kurz davor, den ganzen Krempel einfach hinzuschmeißen, da kam eines Morgens, es muß so Anfang November gewesen sein, der Weihnachtsmann angestiefelt. Die miese Laune stand dem voll ins Gesicht geschrieben, und da hab ich ihn gefragt, ob ich ihm irgendwie helfen kann. Der Mann war total gestreßt, weil sein Schlitten so kurz vor der Tour den Geist aufgegeben hatte. Jetzt mußte möglichst schnell ein neuer her, und ich hab ihm ein Modell empfohlen. Dankbar ist er damit abgeschoben, aber am nächsten Tag war er schon wieder da und hat gesagt: ›Bei mir zu Haus sieht's scheiße aus.‹ Wie Sie wissen, muß man die Produkte von diesem schwedischen Möbelhaus zu Hause selbst zusammenbauen, und das hat der Typ nicht

hingekriegt. Der hat nämlich zwei linke Hände. Tja, dann hab ich mir ein Bund Sechskantschlüssel eingesteckt und bin mit ihm mit. Zwei Stunden später war der Schlitten zusammengeschraubt, und der Weihnachtsmann war so dankbar, daß er mich vom Fleck weg engagiert hat. So war das.«

»Also stimmt das gar nicht, daß der Schlitten des Weihnachtsmannes ursprünglich von Rentieren gezogen wurde?«

»Viele behaupten, die Rentiere wären nur eine Zeitungsente. Aber der Chef sagt, früher hätten sechs Rentiere den Schlitten gezogen, aber die wären irgendwann auf die Idee gekommen, geschlossen in Rente zu gehen. Seit der Zeit würden sie überhaupt erst Rentiere heißen: Rentier, wie Rente, verstehen Sie. Ursprünglich sollen die einen ganz anderen Namen gehabt haben. Ich glaube Pulloverschweine* oder so ähnlich. Allerdings muß ich dazu sagen, manchmal redet der Chef kompletten Unfug. Das bleibt aber unter uns.«

»Natürlich«, sagte der Journalist und riß die letzte Notiz aus dem Block. »Den Rentierkram hätte uns eh keiner abgenommen. Kommen wir zur nächsten Frage: Was ist eigentlich aus dem alten Schlitten geworden? Besteht eventuell die Möglichkeit, ihn zu fotografieren?«

Der Elch winkte ab. »In dem Fall hat der Chef echt Mist gebaut. Ich möchte nicht wissen, was der Schlitten heute wert wäre, wenn man den restauriert hätte. Klar, man hätte

* Anmerkung des Autors: In diesem Fall irrt sich der Elch. Das Pulloverschwein ist mit dem Rentier nicht verwandt. Vielmehr wird es im deutschsprachigen Raum fälschlicherweise Schaf genannt. Verantwortlich für die Verdrängung des ursprünglichen Namens ist die Pulloverindustrie, die sich bereits zu Beginn der Industrialisierung vehement für eine Umbenennung des Pulloverschweins einsetzte, um sich selbst zu foppen.

schon ein bißchen Arbeit reinstecken müssen, aber gelohnt hätte sich das allemal. Aber der Alte mußte ihn ja gleich verschrotten, als er nicht mehr durch den TÜV kam. In solchen Dingen ist der Weihnachtsmann ein Vollidiot, das kann ich Ihnen sagen. Aber auch das sollte unter uns bleiben.«

Das versicherten ihm die drei.

❄

Als der Journalist die nächste Frage stellen wollte, meldete sich der Kameramann zu Wort: »Ich werde die nächste Einstellung von oben filmen«, sagte er und deutete auf das Hochhaus, in dem der Weihnachtsmann verschwunden war. »Wartet mal einen Augenblick.« Der Kameramann stiefelte auf das Haus zu, klingelte irgendwo und verschwand im Innern des Gebäudes.

»Hat es eigentlich im Laufe der Jahre viele Unfälle gegeben?« fragte der Journalist und schaute sich den Schlitten genauer an, der an einigen Stellen ganz schön ramponiert war.

»Zum Glück nichts richtig Schlimmes. Am Anfang, als ich das Ding noch nicht gewohnt war, hat's uns manchmal aus der Kurve gehauen, aber inzwischen klappt das alles wie am Schnürchen. Über einen Unfall allerdings haben wir uns im Nachhinein echt kaputtgelacht. Da sind wir nämlich umgekippt, und jetzt raten Sie mal, warum?«

Der Journalist zuckte mit den Schultern.

»Da müßten Sie eigentlich drauf kommen«, meinte der Elch. Aber der Journalist kam nicht drauf und der Paparazzo auch nicht.

»Wir mußten einem…«, hier unterbrach sich der Elch selbst, weil er losprusten mußte und sich auf einmal vor Lachen kaum noch halten konnte. »Wir mußten einem Mercedes ausweichen und sind prompt umgekippt. Und das war einige Jahre, bevor das Wort *Elchtest* ein Begriff wurde.«

Darüber konnten auch die beiden Männer lachen.

»Aber, wenn so wenig passiert, warum sieht der Schlitten dann so mitgenommen aus?«

»Ehrlich gesagt, der Weihnachtsmann gehört nicht unbedingt zu der Sorte von Leuten, die ihren Schlitten besonders pfleglich behandeln. Der wird nicht jeden Samstag herausgeholt und gewaschen und poliert. Der steht das ganze Jahr über in so einem alten Schuppen, und kurz vor der Tour fällt dem Chef dann ein, daß ja noch der Schlitten flott gemacht werden muß. Immer alles auf den allerletzten Drücker, das kenne ich gar nicht anders. Na ja, und unterwegs eckt man ja auch hier und da mal irgendwo an. Besonders in den engen Gassen von Rom, Barcelona oder Rothenburg ob der Tauber. Aber das ist nicht das Schlimmste. Was mir echt Sorgen macht, sind die größeren Schäden. Die entstehen nämlich immer wenn wir fliegen und es mit einem Ozonloch zu tun bekommen. Die Dinger sind wirklich viel gefährlicher als man denkt. Da entstehen Turbulenzen, das können Sie sich gar nicht vorstellen. Also, wenn das ozonlochmäßig so weiter geht, können wir die Fliegerei in zehn Jahren vergessen. Da würde dann auch ein Metall- oder Kunststoffschlitten nichts mehr bringen. Aber der Chef besteht sowieso auf den Holzschlitten. Seine nostalgische Ader ist sehr ausgeprägt.«

Jetzt steckte der Kameramann den Kopf aus dem Fenster des Treppenhauses im zweiten Stock und machte Zeichen, daß es weitergehen könne.

»Das mit der Fliegerei ist sehr interessant. Stimmt es, daß der Weihnachtsmann früher durch den Schornstein gekommen ist?« fragte jetzt der Paparazzo. Das brachte den Journalisten ein wenig aus dem Konzept. Er hatte eigentlich vor, die Fragen in chronologischer Reihenfolge zu stellen, aber da er die Reizbarkeit des Paparazzo kannte und wußte, wie leicht er aufbrausen konnte, wollte er ihn jetzt nicht verärgern.

»Nein«, sagte der Elch. »Das ist zwar ein- oder zweimal vorgekommen, aber eher aus Versehen. Ich habe ja gerade erzählt, daß wir viel fliegen. Allerdings funktionierte das nicht immer so reibungslos wie heute. Als ich beim Chef anfing, hatte ich den Verdacht, daß es sich bei der Fliegerei um sehr, sehr komplizierte Vorgänge handelte, die nur durch sehr, sehr komplizierte Mechanismen zu bewerkstelligen sind.«

»Und, war es etwa nicht so?« wollte der Journalist wissen.

»Doch, ganz genau so. Es handelte sich in der Tat um einen sehr sensiblen Mechanismus, der immer nur zehn Sekunden funktionierte und dann kaputtging. Das heißt, wir flogen zehn Sekunden durch die Luft, dann ging der Mechanismus kaputt, und wir krachten runter. Dann hieß es, Mechanismus reparieren, zehn Sekunden fliegen und abstürzen, Mechanismus reparieren, zehn Sekunden fliegen und so weiter und so weiter. Natürlich sind wir dauernd auf irgendwelche Häuser gekracht. Mann, hatte ich blaue Flecken damals – überall! Und ein- oder zweimal ist der Chef wirklich in einen Schornstein gerauscht. Es dauerte nicht lange, und es hieß, der Weihnachtsmann komme grundsätzlich durch den Schornstein. So entstehen Gerüchte.«

Jetzt war der Paparazzo natürlich brennend daran interessiert, wie das mit der Fliegerei funktionierte und bombardierte den Elch mit Fragen. Es stellte sich heraus, daß der komplizierte Mechanismus heutzutage nicht mehr nötig war, und die Fliegerei jetzt wesentlich einfacher vonstatten ging. Dann mischte sich der Journalist ein und bestand darauf, daß die ursprüngliche Reihenfolge der Fragen eingehalten und die Frage nach der Fliegerei hintangestellt werde. Beleidigt ging der Paparazzo an den Straßenrand und pinkelte seinen Namen in den Schnee. Inzwischen fuhr der Journalist mit dem Interview fort und wollte wissen, ob es für den Weihnachtsmann sehr arbeitsaufwendig sei, sich jedes Jahr neue Geschenke auszudenken.

»Im Verhältnis zu früher ist alles sehr viel leichter geworden«, antwortete der Elch. »Das liegt an der sagenhaften

Entwicklung der Technik. Ich weiß noch, wie wir uns damals mit diesen schweren Kickerspielen abschleppen mußten. Sie wissen, was ich meine? Diese Fußballspiele, die auch in vielen Kneipen zu finden waren. Heute haben die Leute Computer, und es werden Disketten und CD-Roms verschenkt. Da passen so viele Spiele drauf, die hätte man früher gar nicht alle tragen können. Stereoanlagen sind auch viel kleiner und leichter als damals. Dazu kommt, daß wir Umfragen in Auftrag geben und eng mit Verbraucherinsti-

tuten zusammenarbeiten. Nee, da kann der Chef nicht meckern, der hat das Jahr über genügend Zeit seinen Bauch zu pflegen und seinen Freizeitaktivitäten nachzugehen.«

»Was sind denn das so für Aktivitäten?« wollte der Journalist wissen.

»Mhm«, sagte der Elch und schaute nachdenklich in den Himmel, der sich mehr und mehr zuzog. »Also, er ißt gern und… äh… er trinkt gern.«

»Das ist ja eine tolle Auskunft«, meckerte der Paparazzo unzufrieden. »Er ißt und er trinkt. Das mache ich auch. Sogar jeden Tag – mehrmals. Treibt er nicht noch andere Dinge?«

Der Journalist machte dem Paparazzo Zeichen, er solle

freundlicher sein. Daraufhin signalisierte der Paparazzo, er könne nun mal nicht aus seiner Haut.

»Doch, Sport«, sagte der Elch. »Sport treibt er auch, aber ziemlich unregelmäßig. Neben dem Schlittenfahren ist ja das Fliegen seine wirklich große Leidenschaft. Nicht unbedingt Wettkämpfe. Die liegen ihm nicht so, aber einfach locker durch die Gegend fliegen und alles angucken, das macht er total gern. Besonders ohne Schlitten und in den wärmeren Jahreszeiten. Ich meine, Weihnachten bleibt wirklich nicht viel Zeit für Sightseeing. Abgesehen vom Fliegen hat er auch noch jede Menge andere Sportarten ausprobiert, aber nur für zwei konnte er sich richtig begeistern: Synchronschwimmen und Pistolenschießen. Anfäng-

lich hatte er zwar beim Schwimmen Schwierigkeiten mit dem Obenbleiben, aber tapfer versuchte er es immer wieder, und ich muß sagen, die Fortschritte waren nicht zu übersehen. Aber dann hat es ja diesen furchtbaren Skandal gegeben, und daraufhin hat er die Schwimmerei ein für allemal an den Nagel gehängt. Ganz alleine Synchronschwimmen machte ihm einfach keinen Spaß. Also, ich kann das verstehen. Skat spielen macht ja allein auch keinen Spaß, das wäre ja so ähnlich wie...«

»Momentmomentmoment«, unterbrach der Paparazzo aufgeregt. »Was war das denn für ein Skandal?«

»Ach, nichts Besonderes«, erwiderte der Elch. »Einmal hat der Weihnachtsmann die Mädchen – nun ja, erschreckt, und die haben dann gleich alles an die große Glocke gehängt und einen riesigen Wirbel veranstaltet. Von wegen fiese Anmache, Macho-Arsch und solche Sachen. Sie müssen wissen, die Synchronschwimmtruppe bestand ausschließlich aus jungen, hübschen, schlanken Mädchen. Der Chef war da der einzige Mann. Und wenn man hauptberuflich immer nur schenkt und schenkt und Freude verbreitet, ist es doch verständlich, daß man ab und zu auch mal ein bißchen über die Stränge schlagen will, oder?«

»Natürlich, absolut, total verständlich«, sagte der Paparazzo jetzt sehr freundlich und konnte es nicht fassen. Der Weihnachtsmann, verwickelt in einen Skandal mit blutjungen, halbnackten Synchronschwimmerinnen, und der Elch packte vor laufender Kamera aus. Aufgeregt machte der Paparazzo dem Kameramann in den zweiten Stock hinauf Zeichen, er solle jetzt eine Großaufnahme von dem Kopf des Elchs machen. Der Kameramann fand, daß der Paparazzo sich um seinen eigenen Scheiß kümmern sollte. Ein Kameramann wie er ließ sich nämlich, wenn überhaupt, nur von einem Regisseur etwas sagen – aber auch nicht von jedem. Und von den wenigen, von denen er sich vielleicht etwas sagen ließ, würde er sich noch lange nicht alles sagen lassen. All diese Informationen packte der Kameramann in eine einzige Geste und schickte sie mit einem mißbilligenden Blick hinunter zum Paparazzo. Dann machte er eine Großaufnahme von dem Elch, der munter weiterplauderte.

»Das war aber wirklich keine böse Absicht vom Chef. Da bin ich mir absolut sicher. Schließlich kenne ich den Mann jetzt schon ewig. Bei jedem anderen hätte man wahrscheinlich gelassen über so einen Ausrutscher hinweggesehen, aber bei einem Promi wie dem Weihnachtsmann werden die Dinge nun einmal mit anderer Latte gemessen.

Ich will ja gar nicht abstreiten, daß das für die Mädchen keine schöne Angelegenheit war. Sicher nicht gerade ein angenehmes Erlebnis, besonders wenn man bedenkt, daß der Weihnachtsmann in Badehose so aussieht wie eine bayerische Metzgergattin mit ganz immensen Hormonstörungen, aber ihn deswegen gleich rauszuwerfen, war schon ziemlich übertrieben. Immerhin hat er damals hoch und heilig versprochen, daß so etwas nie wieder vorkommt. Aber die haben ihn voll abblitzen lassen. Ihre Geschenke nehmen sie aber immer noch jedes Jahr mit Freuden entgegen. Da haben die gar kein Problem mit. Davon kann ja jeder halten, was er will, aber ich finde das nicht in Ordnung.«

»Ist klar«, sagte der Journalist, der eifrig mitgeschrieben hatte. »Aber wie sah das Über-die-Stränge-Schlagen denn figurativ aus?«

»Hä, figu… was?«

»Ich meine, wie hat er die Schwimmerinnen denn konkret belästigt?«

Der Elch schaute von einem zum anderen, und er schaute in erwartungsvolle, angespannte Gesichter. Es war nicht zu übersehen, daß ihm die Angelegenheit einigermaßen peinlich war und es ihm ganz erhebliche Überwindung kostete, darüber zu reden. Eine Stille trat ein, die so still war, daß man fast hören konnte, wie die Schneeflocken auf den Boden fielen – fast. Dann endlich nickte der Elch ein sehr vielversprechendes Nicken und räusperte sich.

»Also er... Er hat... Wie soll ich sagen...? Im Wasser... Der Weihnachtsmann hat im Wasser gepupst. Er hat einen Furz gelassen. Das war alles.«

Der Kameramann ließ die Kamera sinken, der Journalist ließ den Notizblock sinken, und der Paparazzo ließ den Kopf sinken. Und alle drei dachten dasselbe: Wenn wir dem *Stern*, *Spiegel* oder *Focus* mit so einer Story kommen, brauchen wir uns da nie wieder sehen zu lassen. Der Weihnachtsmann ißt, trinkt und furzt. Der Elch schaute sich die drei Herren an und dachte, sie sähen aus, als hätte man ihr Herz in Essig gelegt. Dann konnte man fast wieder hören, wie die Schneeflocken auf den Boden fielen, aber auch wieder nur fast, denn jetzt drangen vereinzelt Kinderstimmen durch die geschlossenen Fenster des Hochhauses – sie sangen Weihnachtslieder. Das war ein sicheres Zeichen dafür, daß der Weihnachtsmann gerade seine Arbeit tat. Die Bescherung hatte begonnen.

❄

Als der Kameramann aus dem zweiten Stock wieder nach unten kam und die Tür hinter ihm zuschlug, bedauerte er seinen Entschluß auf der Stelle. Inzwischen war nämlich ein leichter Wind aufgekommen, der nicht nur ihm den

Schnee ins Gesicht und in den Nacken wehte. Die Kälte machte sich einen Spaß daraus, endgültig bis auf die Knochen der Männer durchzudringen. Am Himmel fegten die Wolken mit einer solchen Geschwindigkeit am Mond vorbei, als hätten sie einen dringenden Termin verpaßt und versuchten nun die Zeit einzuholen.

»Sieht gar nicht gut aus«, sagte der Kameramann und blickte skeptisch nach oben, »gar nicht gut.«

»Ich hasse den Winter, und ich hasse Weihnachten«, meckerte der Paparazzo, während er sich den Schnee von der spärlichen Kleidung klopfte.

»Das sagen viele, aber die meisten wollen nur nicht zugeben, daß sie sich heimlich auf Weihnachten freuen«, behauptete der Elch. »Also genaugenommen kenne ich nur einen einzigen, der Weihnachten wirklich haßt, und das ist der Weihnachtsmann selbst.«

»Der Weihnachtsmann haßt Weihnachten, wieso denn das?«

»Weil er Weihnachten arbeiten muß. Ich meine, die Vorbereitungen sind halb so schlimm, aber dann rückt Heiligabend immer näher, dieser eine absolut unaufschiebbare Termin. An diesem Tag muß der Chef fit sein, egal wie. An diesem Tag muß er ran, ob es ihm paßt oder nicht. Dieser eine Tag im Jahr verlangt ihm alles ab, und dieser Tag drückt ihn das ganze Jahr über. Und je näher der 24ste Dezember rückt, desto frustrierter und ungemütlicher wird der Mann. Die Sache stellt für ihn eine ganz enorme psychische Belastung dar. Er nimmt zum Beispiel für sein Leben gern Wannenbäder, und er kann ja auch das ganze Jahr über so viele Wannenbäder nehmen wie er will, nur an diesem einen Tag im Jahr kann er das eben nicht, und genau das ist der Punkt. Ich glaube, er würde ein Großteil seines

Vermögens hinblättern, wenn er Heiligabend einmal sagen könnte: Leckt mich doch alle am Arsch, ich komme heute nicht. Seht zu, wie ihr ohne mich zurechtkommt. Ich nehme ein Bad!

Irgendwann hat er mal durchblicken lassen, er wäre viel lieber Cowboy geworden, weil es beim Cowboy-Sein im Grunde nur darum ginge, bei Sonnenuntergang eine Stadt zu verlassen. Ich glaube, da träumt er heute noch von.«

»Wenn der so viel Zaster hat, warum tritt er dann den Krempel nicht einfach in die Tonne?« bibberte der Paparazzo. »Es gibt doch genug Arbeitslose. Die würden sich ein zweites Loch in den Arsch freuen über so einen Job – mindestens.«

Der Paparazzo fing sich wegen seiner unschönen Formulierung einen warnenden Blick vom Journalisten ein und wiederholte seine Ich-kann-halt-nicht-aus-meiner-Haut-Geste.

»Ganz einfach«, sagte der Elch, den die Ausdrucksweise des Paparazzos nicht im geringsten zu stören schien, »weil er einen lebenslangen Vertrag hat. Natürlich hat er damals das Kleingedruckte nicht gelesen und bereut heute zutiefst, daß er unterschrieben hat. Aber damals war er entweder zu bequem oder es war ihm schlicht zu teuer, den Vertrag von einem Notar oder Anwalt prüfen zu lassen. Jetzt hat er jedenfalls den Salat.«

»Einen lebenslangen Vertrag«, stellte der Kameramann fest. »Wie lange lebt denn so ein Weihnachtsmann?«

»So lange man an ihn glaubt«, antwortete der Elch.

»So lange man an ihn glaubt«, wiederholte der Journalist nachdenklich.

»Ja, genau so lange«, sagte der Elch. »Und das kann dauern, aber so ist das doch immer mit diesen Kultfiguren. Ich denke da zum Beispiel an *Guildo Horn*. Wenn das mit dem so weitergeht, ist der auch bald nicht mehr totzukriegen. Ich meine im Sinne von In-den-Herzen-der-Menschen-Weiterleben.«

»Verona Feldbusch«, sagte der Kameramann.

»Ulrich Wickert«, sagte der Journalist.

»Mick Jagger«, sagte der Paparazzo.

»Dolly Buster«, sagte der Kameramann.

»Lassie«, sagte der Elch.

»Joschka Fischer«, sagte der Journalist.

»Alf«, sagte der Paparazzo.

Alle Augen waren nun auf den Kameramann gerichtet, denn der war jetzt eigentlich an der Reihe. Aber er sagte nichts und guckte nur verträumt in den Schnee.

»Woran denkst du denn, Dicker?« fragte der Paparazzo.

»Junge Dinger«, antwortete der Kameramann abwesend und blickte auf. Erst jetzt wurde ihm bewußt, was er geantwortet hatte und daß alle ihn anstarrten. Es entstand eine Pause, die lang genug war, um den Kameramann ein bißchen rot werden zu lassen, und die sicher eine ganze Weile vergeblich darauf gewartet hätte, beendet zu werden, wenn in diesem Moment nicht ein Fenster im siebten Stock des Hochhauses geöffnet worden wäre.

»Verdammte Scheiße!« hörte man einen Mann schreien. »Könnt ihr denn nicht aufpassen? Ihr wollt uns wohl abfackeln! Das gibt doch wieder Brandlöcher im Teppich! Mist!«

Kinder fingen an zu weinen, und dann wurde ein Weihnachtsbaum, der Feuer gefangen hatte, aus dem siebten Stock hinuntergeworfen. Er zog einen Schweif von Flammen hinter sich her und schlug nur wenige Meter vom Schlitten entfernt auf. Das Fenster wurde wütend zugeknallt, und der Baum mit all seinem Schmuck loderte weiter. Er war ganz in Silber hergerichtet und mußte wunderschön ausgesehen haben, bevor er Feuer fing. Unzählige silberne Kugeln in allen Größen hingen an den Zweigen, doch nur wenige hatten den Sturz überstanden. Die Krone bestand aus einer schlanken Spitze mit einem funkelnden, silbernen Stern am Ende. Das Lametta war so reichlich, daß der Baum ausgesehen haben mußte wie eine glitzernde Trauerweide. Außerdem waren da jede Menge Wunderkerzen dran, die jetzt fröhlich Funken sprühten. Auf einmal hatte die Atmosphäre hier unten vor dem Hochhaus tatsächlich etwas Weihnachtliches.

»Den schickt der Himmel«, sagte der Paparazzo, lief zu dem brennenden Baum und wärmte sich so gut es ging an

PROST

den lodernden Flammen. Der Journalist und der Kameramann gesellten sich zu ihm und rieben sich die kalten, steifgefrorenen Hände.

❄

»Ich weiß nicht«, sagte der Paparazzo, als er sicher war, daß der Elch sie nicht hören konnte, »irgendwie werde ich das Gefühl nicht los, daß wir uns auf dem Holzweg befinden. Ich bin so gut wie erfroren, und dieses blöde Huftier hat noch keinen einzigen brauchbaren Satz von sich gegeben – Bockmist.«

»Immerhin habe ich einen sprechenden Elch gefilmt«, bemerkte der Kameramann. »Und sprechende Elche kommen in der Natur so gut wie gar nicht vor. Das ist doch was, oder?«

»Ein Scheiß ist das«, regte sich der Paparazzo auf. »Bei dem Schwachsinn, den der bis jetzt von sich gegeben hat,

kannst du den Film höchsten in einer Tierdokumentation in den dritten Programmen unterbringen. Oder glaubst du vielleicht, es interessiert irgendeinen dahergelaufenen Idioten, daß der Weihnachtsmann gerne mal ein Wannenbad nimmt und lieber Cowboy geworden wäre? Vielleicht kannst du noch ein paar Mark mehr rausschlagen, wenn du das Vieh dazu bringst ›Horch was kommt von draußen rein‹ zu singen.«

»Arschloch«, sagte der Kameramann.

»Aufhören«, sagte der Journalist. »Alles in allem sieht die Sache gar nicht so schlecht aus. Wenn ihr mich fragt, stehen wir kurz vor einer Sensation. Der Elch weiß nämlich sehr viel mehr, als ihr denkt.«

»Wer sagt das?« wollte der Paparazzo wissen.

»Meine Erfahrung und mein Verstand«, antwortete der Journalist ernst. »Überlegt doch mal. Der Weihnachtsmann kann Leute wie uns nicht ausstehen. Und warum nicht? Weil er etwas zu verbergen hat. Wir wissen, daß er seinen Job haßt und daß er sich gerne mit jungen Mädchen im Wasser tummelt. Ich sage euch, der Typ ist nicht nur steinreich, der hat auch das ganze Jahr über Zeit, Dummheiten zu machen, und ich bin sicher, die macht er. Wir sind kurz vor dem Durchbruch, kurz vor der ganz großen Story, das spüre ich bis in die Haarspitzen.«

»Und was schlägst du vor? Wie kommen wir an die ganz große Story ran, bevor wir erfroren sind?« wollte der Kameramann wissen und schaute enttäuscht auf den verkohlten Baum. Der war viel zu schnell abgebrannt und die weihnachtliche Stimmung wieder dahin. Lediglich der dicke Stamm des Baumes glühte noch ein wenig, aber die großen Schneeflocken zwangen die Glut mit leisen, zischenden Geräuschen bald in die Knie. Und als das letzte

Zischen verklungen war, fühlte sich die Kälte auf einmal doppelt kalt an.

»Vielleicht können wir ihn dazu überreden, sich mit uns ein bißchen aufzuwärmen. Wir laden ihn in das gemütliche Lokal dahinten ein, und ich wette, wenn der zwei, drei Glühwein getrunken hat, redet der wie ein Wasserfall.«

»Du bist die genialste Zellenanhäufung der Welt«, sagte der Paparazzo zum Journalisten, und der Kameramann stimmte ihm in diesem Fall ausnahmsweise einmal zu.

❄

»Das war der Chef!« rief der Elch, als die drei zum Schlitten zurückkamen.

»Was?« fragten sie wie aus einem Mund.

»Na das mit dem brennenden Baum. Das macht er jedes Jahr einmal. Während der Bescherung rempelt er ein Kind, das neben dem Weihnachtsbaum steht, so unauffällig und geschickt an, daß es das Gleichgewicht verliert. Instinktiv versucht es dann, sich am Baum festzuhalten und reißt ihn um. Der Baum geht in Flammen auf, und der Chef rettet das Kind und steht als Held da, während der Vater den Baum zu löschen versucht oder ihn aus dem Fenster wirft. Das ist die Art, wie der Weihnachtsmann seinen Frust abbaut. Allerdings gibt es immer weniger Familien, die noch richtige Kerzen verwenden, die meisten haben ja die elektrischen.«

»Hat er auch noch andere Methoden, seinen Frust abzubauen?« fragte der Paparazzo.

»Früher hat er den Leuten manchmal die Haustiere geklaut und irgendwo weit weg wieder laufen lassen. Aber

danach hat ihn immer sein Gewissen geplagt, und er hat damit aufgehört.«

Der Journalist zwinkerte den anderen beiden ein eindeutiges Sag-ich-doch-Zwinkern zu.

❄

»Also gut«, sagte der Elch, »ich geh mit, aber nur, wenn wir einen Platz am Fenster kriegen und ich den Schlitten im Auge behalten kann.«

Den drei Männern fiel ein Stein vom Herzen. Durchgefroren wie sie waren, gab es momentan keine verlockendere Vorstellung, als einen gut beheizten Raum und einen heißen Glühwein, der noch dazu von einer reizenden Kellnerin serviert würde. Halb erfroren war der Paparazzo über die Zusage des Elchs, mit ihnen in das Lokal zu gehen, um einen Glühwein zu trinken, so begeistert, daß ihm die Freudentränen in die Augen kletterten. Er konnte sich nicht erinnern, jemals solch ein intensives Glücksgefühl gehabt zu haben und nahm sich vor, ab sofort ein bißchen freundlicher mit dem Elch umzugehen. Vielleicht, dachte er, wird Heiligabend verschwenderischer mit Glücksgefühlen umgegangen als an anderen Tagen. Dann wunderte er sich über seinen eigenen Gedanken und wischte sich heimlich die Tränen aus dem Gesicht. Die anderen mußten ja nicht unbedingt mitbekommen, was für Emotionen die Erwartung auf etwas Wärme in ihm auslöste. Währenddessen hatte der Elch einen kleinen, gelben, selbstklebenden Zettel mit einer Notiz für den Weihnachtsmann an den Schlitten gepappt. »Bin kurz im ULTIMO zum Aufwärmen« stand da drauf. Der Journalist holte unterdessen ein Handy hervor, rief in dem Lokal an und gab vorab schon mal eine Glühweinbestellung auf. Dann machten sich die Vier auf den Weg durch den jungfräulichen, knirschenden Schnee. Sie hinterließen Spuren, die kurzzeitig darauf schließen ließen, daß hier vor gar nicht langer Zeit drei Menschen und ein Huftier entlang gegangen sein müßten. Mit etwas Phantasie hätten einem beim Anblick der Spuren die Heiligen Drei Könige und ein Esel in den Sinn kommen können. Doch niemand bekam sie zu sehen, weil der Wind endlich eine sinnvolle Aufgabe gefunden hatte. Er wehte die Fußspuren sorgfältig wieder zu.

Unterwegs fiel dem Journalisten ein, daß der Elch außer Synchronschwimmen auch noch Pistolenschießen erwähnt hatte, als sie über die sportlichen Aktivitäten des Weihnachtsmannes sprachen. Gerade wollte er den Elch darauf ansprechen, da fing der an zu summen:

Abends treten Elche aus den Dünen,
ziehen von der Palme an den Strand.
Wenn die Nacht, wie eine gute Mutter,
leise deckt ihr Tuch aufs weite Land.

Ruhig trinken sie vom großen Wasser
und können darin die Sterne sehn.
Und sie heben ihre starken Köpfe,
lautlos in des Sommerwindes wehn.

Langsam schreiten wieder sie von dannen,
Tiere einer längst vergangenen Zeit.
Und verschwinden in der Ferne Nebel
Wie durch das hohe Tor der Ewigkeit.

»Mit so einem Scheiß müllen die Leute das Internet zu«, sagte der Elch, als er zu summen aufgehört hatte. »Das muß man sich mal vorstellen. Das Lied habe ich im Internet gefunden als ich mal unter Elche nachgeschaut habe. Irgend so ein Knallkopf aus Paderborn hat das verzapft. Möchte jemand von Ihnen die e-mail Adresse von dem? Die hab ich noch irgendwo.«

Aber es war keiner scharf auf die e-mail Adresse des Dichters aus Paderborn.

»Der hat doch nicht mehr alle Latten am Zaun«, schimpfte der Elch weiter. »›*Tiere einer längst vergangenen Zeit*‹, dem Typ sollte man mit den Hufen auf den Computer treten, je eher desto besser. Wahrscheinlich habe ich dem den Computer im letzten Jahr selbst gebracht. Das ist doch der Beweis, daß sich der Chef mit den Geschenken manchmal vertut, finde ich. Das schlimme ist, jetzt kriege ich das Lied nicht mehr aus dem Kopf, wenn ich nicht abgelenkt werde.«

»Ich kann es ja mal mit einer kleinen Ablenkung versuchen«, sagte der Journalist. »Ich würde gern noch mal auf das Pistolenschießen zurückzukommen. Beherrscht der Weihnachtsmann die Disziplin eigentlich besser als Schwimmen oder ...«

»Viel besser«, unterbrach ihn der Elch. »Ich kenne keinen besseren Schützen als den Chef. Was der treffen will, das trifft er auch. Also wenn der Typ, der mir damals den Streifschuß am Hinterteil verpaßt hat, so ein guter Schütze gewesen wäre wie der Chef, dann wäre ich jetzt nicht hier. Das ist so sicher wie die Tatsache, daß Heiligabend auf den 24. Dezember fällt. Außerdem zieht der Mann so schnell wie kein zweiter. Mit dem hätte *Jesse James* ernsthafte Probleme gehabt, das kann ich Ihnen sagen.«

Nach einer Weile fügte er noch scherzhaft hinzu: »Vielleicht hätte er wirklich Cowboy werden sollen – und ich Pferd.«

»Hat er denn die Waffe immer bei sich?«

»Erst seit *John Lennon* erschossen wurde. Er ist ein Fan von *John Lennon*, müssen Sie wissen. Seit es Walkmans gibt, sitzt er auf der Tour nur noch mit Kopfhörern auf dem Schlitten und hört sich die alten Songs an. Damals, kurz nach dem Attentat, hat er sich tagelang eingeschlossen, seine Anlage voll aufgedreht und *Cold Turkey* gehört:

Cold turkey has got me on the run
Cold turkey has got me on the run
Thirty-six hours
Growing in pain
Praying to someone
Free me again

Die Strophe hat er immer laut mitgesungen und am Schluß des Titels immer geschrien wie am Spieß. Es war grauenvoll, dauernd *John Lennon* und den Chef so schreien zu hören. Ein paar Tage später ist er dann losgezogen und hat sich die Pistole gekauft. Er meinte, was *John Lennon* passiert sei, könne ihm ebenso zustoßen. Er hatte einfach Schiß, er könne auch einem Attentat zum Opfer fallen und wollte in der Lage sein, sich zu wehren. Dabei hat er laut Statistik überhaupt keine Feinde.«

»Laut Statistik«, sagte der Paparazzo abfällig und wollte wissen, ob der Weihnachtsmann die Pistole schon mal benutzt und auf jemanden abgefeuert habe. Die Frage betreffend hüllte sich der Elch allerdings in Schweigen. Darüber wollte er partout nicht sprechen – kein Wort. Die drei Männer wechselten wissende Blicke und dann standen sie endlich vor dem Gasthaus. Der Journalist öffnete die Tür und sagte: »Nach Ihnen, meine Herren.«

❄

Lächelnd tauchten sie ein in die wohlige Wärme des Lokals und machten es sich an einem Tisch am Fenster bequem, so daß der Elch den Schlitten gut beobachten konnte. Sie waren die einzigen Gäste. Noch war es früh am Abend, und es würde sich erst füllen, wenn alle Geschenke ausgepackt, die üppig gefüllten Teller und Schüsseln leer gegessen waren und sich die Wogen der alljährlichen Familienstreits einigermaßen geglättet hatten. Es duftete nach Tannennadeln, Glühwein, Gebäck und natürlich nach den Apfelsinenschalen, die überall auf den Heizkörpern lagen. Der Fußboden bestand aus Holzdielen, die ein angenehmes, knarrendes Geräusch machten, wenn man darauf ging. In der Ecke neben der Theke stand ein Weihnachtsbaum, der kitschig bunt geschmückt war und elektrische Kerzen hatte. Leichtes Unbehagen bereitete es allerdings dem Elch, als er über der Tür ein verstaubtes Geweih entdeckte, aber das ging bald vorüber. Er schaute einfach nicht mehr hin.

Der Journalist hatte recht gehabt, die Bedienung war außerordentlich nett und hübsch. Sie hieß Monika, war schlank, und ihre langen, dunkelbraunen Haare, die sehr gut zu ihren braunen Augen paßten, fielen ihr auf die Schultern. Sie trug enge Jeans, und der Ausschnitt ihres T-Shirts im Zusammenspiel mit ihrem festen üppigen Busen ließ den Kameramann in Verzückung geraten. Er mußte sich vom Paparazzo einen Knuff in die Seite gefallen lassen, weil er Monika eine Idee zu auffällig in das Dekolleté starrte, als sie den Glühwein servierte. Der Elch bekam einen ganzen Eimer voll davon. Das hatte der Journalist per Telefon so eingefädelt.

»Na, dann zum Wohl und frohes Fest«, sagte Monika mit einer solch verführerischen, rauchigen Stimme, daß der Kameramann auf der Stelle das Bedürfnis verspürte, diese Frau

zu heiraten – und zwar jetzt. Zu seiner Enttäuschung wandte sie sich von ihm ab, legte eine CD ein und zog sich dann mit einem Buch an einen Platz hinter der Theke zurück. Auf die Frage, was sie denn da lese, sagte sie nur freundlich: »Geheim!« Der Paparazzo lobte den Musikgeschmack Monikas. Sie hatte die *Dave Matthews* Band aufgelegt, und die sangen, *So Much To Say*. Das fanden alle sehr passend, und sie prosteten dem Elch in der Hoffnung zu, daß auch er noch viel zu sagen hätte. Der Elch sagte zunächst aber nur: »Wohlsein«, und dann verbrannte er sich das Maul.

❄

Als sich der Glühwein etwas abgekühlt hatte, steckte der Elch den Kopf in den Eimer und schlürfte ihn halb aus.

»Ist das nicht ein bißchen viel? Ich meine, Sie müssen doch noch fahren... äh... fliegen«, sorgte sich der Kameramann und schaute zu, wie dem Elch der Wein von der Schnauze tropfte.

»Mmh«, sagte der Elch und fuhr sich mit der Zunge über das Gesicht. »Ich bin trinkfest, ein, zwei Eimer voll kann ich schon vertragen. Dabei fällt mir aber eine Geschichte ein. Die Sache liegt jetzt aber schon ein paar Jahrzehnte zurück. Da hatte ich eine ziemliche Depri-Phase wegen einer Elchkuh, die sich in mich verguckt hatte. Ein wirklich schönes Tier. Das Problem war, daß ich mir damals nicht ganz klar war, ob ich auf Frauen, Männer oder Elchkühe stand. Ich fühlte mich sexuell völlig zerrissen und nirgendwo richtig zugehörig. Dauernd hatte ich das Gefühl, ich kann tun und lassen was ich will, die anderen amüsieren sich einfach wesentlich besser als ich. Na ja, egal, jedenfalls habe ich zu der Zeit viel zuviel getrunken und mir ausgerechnet am Weihnachtsvorabend mächtig einen hinter das Geweih gekippt. Am nächsten Morgen war ich noch so was von knülle, daß ich den Chef gar nicht erkannte, als er mich wachrüttelte. Das war der mieseste Tourstart, den wir je hatten. Er stinksauer hinten auf dem Schlitten und ich mit meiner Dröhnbirne. Ich hab wirklich alle Engel singen hören. Nee, da darf ich gar nicht dran denken. An dem Tag war ich nicht in der Lage, auch nur einem einzigen Ozonloch auszuweichen. Das war aber ein einmaliger Ausrutscher und ist nie wieder vorgekommen. Entschuldigen Sie, das war jetzt nicht so interessant, ist mir nur gerade so eingefallen.«

»Schon gut«, sagte der Journalist. »Hat sich Ihre sexuelle

Zerrissenheit gelegt? Haben Sie herausgefunden, was für Sie das richtige ist auf dem Gebiet?«

Der Elch steckte den Kopf wieder in den Eimer, nahm einen kräftigen Schluck und sagte: »Ja, Kühe – eindeutig. Ich habe einiges ausprobiert und bin erst sehr spät drauf gekommen, aber Kühe sind mit Abstand das geilste, besonders wenn sie jung sind und ganz besonders, wenn es zwei sind.«

Bei den Worten schickte der Kameramann einen sehnsüchtigen Blick in Monikas Richtung, aber die war in ihr Buch vertieft, und der Blick hatte nicht den Hauch einer Chance. Der Journalist machte eine Notiz, bevor er mit der Befragung weitermachte.

»Haben Sie die Absicht, Kinder zu zeugen und eine Familie zu gründen, oder kommt das für Sie nicht in Frage?«

»Ein Vater, der Weihnachten nie zu Hause ist – was wäre das denn für ein Vater? Nein, das möchte ich keinem Kalb zumuten. Das Kapitel habe ich schon vor einigen Jahren abgeschlossen.«

»Sie verhüten also?«

»Ähm... nein, ich habe mich sterilisieren lassen. Das war ein ganz harmloser Eingriff und tat überhaupt nicht weh. Und ehrlich gesagt, macht mir der Sex seither noch wesentlich mehr Spaß.«

»Und wie sieht es mit dem Liebesleben des Weihnachtsmannes aus? Hat der überhaupt eins?«

»Eins?« sagte der Elch in einem Ton, als hätte er noch nie in seinem Leben so eine dumme Frage gehört. »Sie scherzen wohl? Ich meine, wir reden hier vom Weihnachtsmann und nicht vom Papst. Wir reden von dem Mann, der hauptberuflich schenkt und das am Fest der Liebe, wenn Sie verstehen, was ich meine.«

So unauffällig wie möglich schulterte der Kameramann seine Kamera. Er war sicher, verstanden zu haben, was der Elch meinte. Hier ging es um nichts anderes als Sex. Genau das war es, was die Leute sehen, hören und lesen wollten. Das war es, worauf *Spiegel, Stern, Focus, RTL, Pro7* und all die anderen Medien scharf waren. Das war es, was ihm, dem Kameramann, dem Journalisten und dem Paparazzo die Konten füllen würde. Das war der absolute Knüller, die niederen Instinkte des Weihnachtsmannes, seine schmutzige Wäsche.

Auch der Paparazzo war jetzt hellwach. Er spürte jede Faser seines Körpers, kaute nervös auf einem Zahnstocher herum und blickte sich um. Ihm war die Brisanz des Themas ebenfalls nicht entgangen und darüber hinaus beschäftigte ihn ein verwegener Gedanke. Nämlich, wie es zu bewerkstelligen wäre, den Elch und die überaus attraktive Monika zusammen aufs Bild zu bekommen, und zwar so, daß der Eindruck entstehen mußte, die Situation sei mehr als eindeutig. Der Elch, der Jahr für Jahr den weihnachtlichen Schlitten zieht, vergeht sich am heiligen Abend, während der Bescherung, in Abwesenheit seines Chefs, an einer bildhübschen Bedienung. Und das auch noch in einem öffentlichen Lokal. Wenn ihm der Clou gelänge, würde das Bild um die ganze Welt gehen – da war er sicher. Dann wäre er ein für allemal aus dem Gröbsten raus und könnte endlich das fotografieren, was ihm gefiel, nämlich Gänseblümchen, verunglückte Motorräder und Nacktschnecken.

Im Gegensatz zu dem Paparazzo war der Journalist die Ruhe selbst, und er genoß die Selbstzufriedenheit, die durch seinen Körper strömte wie ein Glas Burgunder auf nüchternen Magen. Sein Instinkt hatte ihn nicht im Stich gelassen. Er hatte richtig gelegen mit seinen Vermutungen.

Nun würden sich die jahrelange Mühe und die gesammelten Erfahrungen endlich bezahlt machen. Ohne Zweifel war der Elch jetzt in der richtigen Stimmung, um auszupacken. Der Erfolg stand kurz bevor. Vielleicht war noch der ein oder andere taktische Zug nötig, aber es würde klappen. Hurra! Was für ein Weihnachtsfest.

»Sicher verstehe ich, was Sie meinen«, sagte der Journalist. »Der Weihnachtsmann hat offensichtlich eine Vielzahl von Liebesabenteuern. Aber wie sehen die im einzelnen aus, ich meine, wo genau liegen seine Vorlieben? Was macht ihn an?«

»Sie haben sicher Verständnis dafür, daß ich darüber wirklich nicht sprechen kann«, sagte der Elch freundlich, aber bestimmt.

»Wirklich nicht?«

»Wirklich nicht, ich kann doch unmöglich über das Intimleben meines Chefs quatschen. Also Sie sind gut! Ich riskiere doch meinen Job, wenn ich das mache. Nein, nein und nochmals nein. Vergessen Sie es. Ich mache Ihnen einen Vorschlag: Ich gebe einen aus, und dann verlieren wir darüber kein Wort mehr, okay? Bedienung, noch eine Runde bitte.«

Ratlos schauten der Paparazzo und der Kameramann zum Journalisten. Der blieb ganz ruhig und lächelte verständnisvoll. Als Monika mit der nächsten Runde Glühwein kam, sah der Paparazzo seine Chance kommen, und er nutzte sie. Er rollte sich geschickt und lautlos vom Stuhl auf den Boden und fand blitzschnell die richtige Position. Als sich Monika vornüberbeugte, um dem Elch einen neuen Eimer Glühwein hinzustellen, drückte er im richtigen Moment auf den Auslöser und hatte das ersehnte Bild mit der mehr als eindeutigen Situation im Kasten. Alles ging so schnell vonstatten, daß der Elch und die hübsche

Bedienung nichts davon mitbekamen. Und als Monika »Sehr zum Wohl!« sagte, saß der Paparazzo schon wieder auf seinem Platz, hob sein Glas und fragte sich, wie alles weitergehen würde. Der Journalist wartete, bis Monika wieder in ihr Buch vertieft war und der Elch einen ordentlichen Schluck aus dem neuen Eimer genommen hatte. Dann faßte er in die Innentasche seines Jacketts und zog einen bereits ausgefüllten und unterschriebenen Scheck heraus. Die eingetragene Summe war so beachtlich, daß der Elch sich bei dem Anblick verschluckte und der Kameramann und der Paparazzo ihren Augen nicht trauten. Der Journalist hatte wirklich an alles gedacht. Die Frage war nur: War der Elch käuflich oder nicht. Und wenn: Warum war er dann nicht in die Politik oder in die Wirtschaft gegangen?

»Überlegen Sie es sich«, sagte der Journalist. Der Elch zauderte einen winzigen Moment lang, schob den Scheck aber dann zurück und sagte: »Tut mir leid, es bleibt beim Nein. Geben Sie sich keine Mühe.«

Der Journalist gab sich aber Mühe. Er hielt den Scheck in die Flamme einer Kerze und legte ihn in einen großen Aschenbecher. Ein kurzes Auflodern und der beachtliche Betrag hatte sich in ein kleines Häufchen verkohlter Asche verwandelt. Sechs Augen sahen zu, wie der Journalist nun einen zweiten Scheck hervorholte und ihn dem Elch hinlegte. Sechs Augen sahen, daß diesmal die doppelte beachtliche Summe darauf stand. Der Elch schluckte, und er zauderte erstaunlich lange. Er schaute von einem zum anderen. Allen war klar, die Versuchung war bestimmt ebenso groß wie der Betrag auf dem Scheck. Der Paparazzo nickte dem Elch aufmunternd zu, aber der pfiff nur anerkennend durch die Zähne, bevor er der Versuchung widerstand und das wertvolle Papier mit einem Kopfschütteln zurückschob. Auch diesen Scheck überließ der Journalist den Flammen. Auf dem dritten stand dann das Dreifache der beachtlichen Summe, und als der Elch darauf starrte und nicht die geringsten Anstalten machte, ihn zurückzugeben, entstand eine solch knisternde Spannung, daß selbst Monika kurz von ihrem Buch aufblickte und sich unruhig umsah. Der Journalist und der Kameramann hörten vor lauter Anspannung auf zu atmen, als der Elch ganz langsam einen Huf auf den Scheck legte. Würde er ihn nehmen oder nicht? Der Journalist lächelte nach wie vor. Der Elch zauderte, schluckte, zauderte noch ein bißchen und schob dann das wertvolle Papier ganz, ganz langsam über den Tisch. Als er in der

Mitte angelangt war, hatte der Elch eine Entscheidung getroffen. Er nahm den Scheck an sich und sagte: »Also gut, okay, wir sind im Geschäft.« Der Paparazzo und der Kameramann fingen wieder an zu atmen, und der Journalist zog einen vierten Scheck aus der Tasche, hielt ihn in die Kerze und sagte: »Einen hätte ich noch gehabt.« Der Elch zuckte mit den Schultern und es gelang ihm, den Eindruck zu erwecken, als wäre ihm das ausgesprochen schnurz. In Wahrheit wurmte es ihn ungemein, daß er nicht noch höher gepokert und den Journalisten restlos ausgereizt hatte.

❄

»Also, grundsätzlich läuft bei dem Weihnachtsmann gar nichts, wenn er nicht vorher etwas gegessen hat«, begann der Elch, nachdem er das Wertpapier eingehend geprüft hatte. »Egal, wann, wo und mit wem er Sex hat, vorher ißt er etwas. Deshalb ist er auch so dick.«

»Was ißt er denn?« erkundigte sich der Kameramann.

»Am liebsten nimmt er vorher eine Portion Rentierzunge mit Multbeeren zu sich, eine finnische Spezialität. Außer wenn er sich in Barcelona aufhält. Dann läßt er es sich nicht nehmen und speist im Restaurante ELCHE*. Das ist, glaube ich, in der Villa Vilá, 71 oder 73. Da nimmt er immer eine große Portion Arroz negro de Elche* zu sich und raucht anschließend eine Montecristo No 2. Zu der Zigarre genießt er in der Regel einen doppelten Magno, einen milden spanischen Weinbrand, sowie einen Café solo, der dem hiesigen Espresso entspricht.«

»Der Weihnachtsmann ißt Elche?« fragte der Kameramann ungläubig, während der Paparazzo etwas ungeduldig und leicht säuerlich in die Runde schaute.

»Nein, Arroz negro de Elche. Das ist schwarzer Reis mit Meeresfrüchten, nach Art des Hauses. So eine Art Paella, nur eben schwarz. Der Reis wird nämlich mit der Tinte von Tintenfischen, den sogenannten Pulpos, dunkel gefärbt.«

»Aber Rentiere ißt er?« erkundigte sich der Journalist und machte wieder eine Notiz.

»Seit die Viecher ihn so haben hängen lassen, um so lieber, aber nur die Zunge. Die wird gekocht, abgezogen, in Scheiben geschnitten und mit leicht zerdrückten und ge-

* Sollten Sie Weihnachten in Barcelona verbringen, besuchen Sie das Restaurante ELCHE und probieren Sie Arroz negro de Elche – vorzüglich. Die Adresse: ELCHE Restaurante Villa Vilá 71, 08004 Barcelona. Sollten Sie jedoch die Absicht haben, ein Autogramm des Weihnachtsmannes zu ergattern, vergessen Sie es. Im ELCHE speist er ausschließlich inkognito und erscheint dort grundsätzlich in Gestalt von zwei Spaniern, weil ihm das die Möglichkeit eröffnet, zwei Portionen zu sich zu nehmen, ohne den Eindruck zu erwecken, er sei verfressen.

RESTORAN
ELCHE

butterten Salzkartoffeln serviert. Dazu ißt er für sein Leben gern Multbeeren mit Zucker. Das reicht ihm schon.«

»Multbeeren?« fragte der Kameramann.

»Brombeerähnliche, gelbe Früchte«, sagte der Journalist, und der Kameramann fand den Ton des Kollegen eine Spur zu überheblich.

»Genau«, erwiderte der Elch, »sehr lecker. Ich persönlich bevorzuge Rentiersteak schwedischer Art.« Der Elch schloß genießerisch die Augen. »Mhm, sechshundert Gramm Renfilet in Scheiben schneiden, salzen, pfeffern, durch Mehl ziehen und rasch in Öl braten. Dann aus der Pfanne nehmen und warm stellen. Den Bratensatz mit einem Glas Weißwein

löschen, den Bratensaft hinzugeben, gut verkochen und mit Zitronensaft abschmecken. Eine gehackte Zwiebel in Butter kräftig anschwitzen und darin Morcheln erhitzen, können ruhig aus der Dose sein. Das Ganze mit etwas Sahne binden und neben den Steaks anrichten. Dazu Schloßkartoffeln servieren, fertig. Einfach, aber köstlich.«

Der Paparazzo warf seinen Vorsatz, mit dem Elch etwas freundlicher umzugehen, voller Ungeduld über den Haufen. Erst kassiert der einen beachtlichen Betrag, und dann quatscht er von Morcheln, gehackten Zwiebeln, Schloßkartoffeln und Barcelona.

»Können wir vielleicht langsam zur Sache kommen, oder muß hier erst jeder ein Rezept aufsagen, bevor wir eine Gegenleistung für die Kohle kriegen? Wenn der Alte seine Multbeeren und die zermatschten Kartoffeln mit Rentierzunge eingeworfen hat, wo, wie und mit wem vögelt er denn dann, verdammt noch mal?«

Kaum hatte der Paparazzo ausgesprochen, wurde ihm bewußt, daß er sich nicht nur erheblich im Ton vergriffen, sondern auch viel zu laut gesprochen hatte. Die vorwurfsvollen Blicke seiner Kollegen sprachen Bände, und sogar Monika schaute zum wiederholten Mal kurz von ihrem Buch auf. Überrascht mußte der Kameramann aber feststellen, daß sie den Paparazzo nicht wie erwartet mit einer gewissen Verachtung anblickte, sondern ihn schamlos anlächelte. Das Gefühl, das sich augenblicklich in ihm ausbreitete, war ihm bekannt, er konnte es auf der Stelle identifizieren und absolut nicht ausstehen. Es hieß: Eifersucht.

»Okay, okay«, sagte der Paparazzo und hob beschwichtigend die Hände. »Es tut mir leid, entschuldigt bitte. Entschuldigung, ich bin heute etwas nervös, weiß auch nicht, woran das liegt, war nicht so gemeint.«

Die Miene des Kameramannes signalisierte jedoch, daß er gar nichts entschuldigte. Der Journalist machte eine versöhnliche Geste, und der Elch steckte den Kopf in den Eimer und leerte ihn in einem Zug. Dann schaute er sehr entschlossen in die Runde.

»Also gut«, sagte er dann, »um es kurz zu machen: Das ›Wo‹ der Aktivitäten des Weihnachtsmannes spielt eine untergeordnete Rolle. Er treibt es eigentlich überall mit allergrößtem Vergnügen, solange gewährleistet ist, daß er nicht beobachtet werden kann und es kein so unbequemer Ort ist wie beispielsweise ein Fiat 500. In etwa das gleiche gilt für die Frage: Mit wem? Abgesehen davon, daß er mögliche Partner, die eine gewisse Altersgrenze überschritten haben, strikt meidet und den Verkehr mit Groupies nicht sonderlich schätzt, ist er eigentlich nicht sehr wählerisch. Was das ›Wie‹ betrifft, so gibt er dem Oralverkehr eindeutig den Vorzug. Was nicht heißen soll, daß er nicht hin und wieder auch andere Techniken, äh, praktiziert, aber diesbezüglich läßt er so gut wie nichts anbrennen. Genaugenommen ist er ein richtiger Oralapostel. Im Vergleich zu ihm sind *Bill Clinton* und *Hugh Grant* die Unschuld in Person.«

»Und *Michael Jackson*?« hakte der Journalist nach.

»Auch.«

Der Journalist, der Kameramann und der Paparazzo wechselten vielsagende Blicke. Das Wesentliche war bereits heraus, aber es schien noch viel dicker zu kommen. Und in einem Punkt waren sich die drei einig, je dicker desto besser.

»Gut«, sagte der Journalist, »wenn ich Sie richtig verstehe, hat Ihr Vorgesetzter, über seine Tätigkeit als Weihnachtsmann hinaus, Kontakt zu kleinen Jungs?«

»Über seine Tätigkeit hinaus eigentlich nicht«, sagte der Elch etwas verunsichert, weil sich, wie er fand, sowohl die

Ausdrucksweise des Journalisten als auch der Tonfall jetzt leicht verändert und an Vertrautheit verloren hatten. Außerdem waren ihm die Blicke der drei nicht entgangen.

»Aber es gibt doch Körperkontakt zwischen dem Weihnachtsmann und den Kindern, nicht wahr?«

»Wie meinen Sie das?«

»Ich meine, er gibt ihnen die Hand, er lächelt sie an, er streicht ihnen über das Haar, er tätschelt ihre Wangen...«

»Er schubst sie in Weihnachtsbäume«, ergänzte der Paparazzo, grinste über das unrasierte Gesicht und bemerkte gar nicht, daß ihn niemand beachtete.

»Das bedeutet doch«, fuhr der Journalist fort, »es entsteht aufgrund der Feierlichkeiten, der Erwartungshaltungen und der aufgestauten Vorfreude seitens der Kinder und nicht zuletzt wegen der ursprünglichen Bedeutung des Festes schlechthin zwangsläufig eine gewisse Nähe, eine gewisse Erregung. Worauf ich hinaus will, ist folgendes: Könnte man diese Nähe im weitesten, ich meine, im allerweitesten Sinne einen Kontakt nennen, der in seinem Kern vielleicht einen gewissen, äh, Aspekt in sich birgt, der... ich meine, im Sinne von körperlichem Lustempfinden und...?«

»Nein! Nein, nein, auf gar keinen Fall, und das hab ich auch nicht gesagt«, wehrte sich der Elch. »Um das gleich mal klarzustellen, der Weihnachtsmann macht kleinen Jungs vielleicht lieber eine Freude als kleinen Mädchen, aber das ist auch schon alles. Er würde sich nie im Leben an ihnen... was für ein absurder Gedanke – niemals. So wahr ich hier sitze. Ich meine, Phantasien sind eine Sache, eine andere ist, sie auszuleben, und da kennt der Chef seine Grenzen und weiß, was er tut, das können Sie mir glauben!«

»Können wir, müssen wir aber nicht«, frotzelte der Paparazzo.

»Sollten wir aber«, wies ihn der Journalist in einem Ton von solcher Schärfe zurecht, daß der Kameramann seine Freude daran hatte.

»Na gut, um noch einmal auf die Sexualpartner Ihres Chefs zurückzukommen, wenn ich Sie richtig verstanden habe, bevorzugt er Frauen und Männer gleichermaßen.«

Der Elch nickte zustimmend.

»Befinden sich darunter auch Prominente? Vielleicht Politiker, Schauspieler, Musiker, Künstler oder Sportler?«

Der Elch dachte angestrengt nach, und der Puls der drei Männer ging schneller bei dem Gedanken, der Weihnachtsmann könne vielleicht eine Affäre mit dem *Bundeskanzler*, dem *Außenminister* oder vielleicht sogar mit beiden gehabt haben. Oder mit der Musikkapelle *Die Prinzen*. In dem Fall wäre natürlich das Küssen streng verboten gewesen. Oder *Bärbel Schäfer, Götz George, Claudia Schiffer, Wiegald Boning* oder *Hans Meiser*. Irgend jemand von all denen würde schon genügen, um die Story noch hundertmal wertvoller zu machen, als sie es jetzt sowieso schon war. Dann war der Elch endlich fertig mit nachdenken. Er nickte zustimmend und sagte: »Ähm, nein, nicht, daß ich wüßte. Jedenfalls fällt mir auf Anhieb niemand ein, außer…«

»Ja?« sagten alle drei wie aus einem Mund.

»Nee«, sagte der Elch, »ich dachte, da wäre mal was mit *Wolf Biermann* gewesen, damals vor seiner Ausbürgerung, aber das war nur ein Namensvetter von ihm. Tut mir leid.«

»Uns auch«, sagte der Paparazzo und bestellte noch eine Runde Glühwein. Monika legte das Buch beiseite und machte die Bestellung zurecht. Der Kameramann schaute ihr verzückt, aber leicht gekränkt zu und überlegte, wie er ihre Aufmerksamkeit auf sich lenken könnte. Als sie mit den dampfenden Gläsern und dem Eimer zum Tisch kam, nahm er seinen ganzen Mut zusammen und ließ alle Hemmungen fallen. Was der Paparazzo konnte, konnte er schon lange. Ja, er konnte auch unverschämt sein, und er wollte auch ein Lächeln von Monika geschenkt bekommen für *seine* Unverschämtheit. Während sie servierte, richtete er einfach die Kamera auf sie und zoomte so tief in ihren Ausschnitt wie nur irgend möglich und bekam, was er wollte. Monika lächelte ihn tatsächlich an, als sie bemerkte, was er da tat. Und nicht nur das, sie stellte sich in Pose, machte einen Kußmund und ließ ganz bewußt einen dermaßen tiefen Einblick zu, der, wenn überhaupt, im Fernsehen erst nach zweiundzwanzig Uhr ausgestrahlt werden durfte. Dann ging sie auf den Kameramann zu, wuselte kurz mit der Hand durch sein schütteres Haar und sagte: »Daß du mir die Einstellung aber nur für private Zwecke verwendest, Dickerchen.« Alle Augen waren nun auf ihn gerichtet, und der Kameramann spürte, wie ihm das Blut in den Kopf schoß, als gäbe es da irgendwas umsonst. Er stotterte eine Entschuldigung, die so unverständlich war wie der Jahresbericht des Finanzministers und machte eine Kopfbewegung, die aussah, als könne er sich nicht zwischen Nicken und Kopfschütteln entscheiden. Sein Gesicht war inzwischen so hochrot, daß man unwillkürlich an eine untergehende Sonne am Strand denken mußte. Bei jedem, der diesem Schauspiel zusah, mußte sich unwillkürlich ein Lachreiz einstellen, dem nur schwer zu widerstehen war. Zu allem Überfluß machte der Kameramann nun auch noch eine hilflose Geste, die so komisch aussah, daß sie das Faß zum Überlaufen brachte, und der Paparazzo, der Journalist und Monika prusteten wie auf Kommando los und konnten sich vor Lachen gar nicht mehr einkriegen. Das war dann auch die Rettung des Kameramannes, denn das

Lachen steckte schließlich auch den Elch an, und nur wer schon einmal einen laut lachenden Elch erlebt hat, kann verstehen, daß sich Sekunden später auch der Kameramann aus seiner Verkrampfung löste und vor Lachen schüttelte. Minutenlang war der Gastraum mit lautstarkem Gelächter erfüllt. Die Tränen flossen, man krümmte sich, zeigte mit dem Finger aufeinander, hielt sich die Bäuche, und der Elch wälzte sich sogar irgendwann auf dem Boden herum, was den anderen weitere Lachkrämpfe abverlangte. Nur ganz allmählich beruhigten sie sich wieder. Doch kaum waren die Tränen aus den Gesichtern gewischt und die Kleidung geglättet, prustete garantiert wieder einer los, und das war gleichbedeutend mit einem erneuten Startschuß, und eine weitere Welle von Lachsalven brach los. Nachdem sich der Vorgang einige Male wiederholt hatte, konnte niemand mehr. Das Gelächter wich einem verhaltenen Kichern, weil die Bauchmuskulatur der Beteiligten keine weitere Bean-

spruchung mehr zuließ. Schließlich waren nur noch vereinzelte Seufzer zu hören, und dann legte Monika ältere Aufnahmen von *Prince* auf und sagte, die nächste Runde ginge auf ihre Rechnung, schließlich sei heute Heiligabend. Dann verschwand sie in der Küche mit dem Versprechen, in Kürze gäbe es etwas zu essen.

❄

Monika stellte eine große Schüssel mit köstlichem Kartoffelsalat und einen Topf mit heißen Würstchen auf den Tisch, und die drei Männer und der Elch machten sich darüber her. Lachen macht hungrig. Monika zog sich auf ihren Platz zurück, um sich wieder der Lektüre zu widmen, die sie wirklich sehr zu fesseln schien. Sie verriet zwar, daß es sich bei dem Buch um ein Weihnachtsgeschenk handelte, machte aber weiterhin ein Geheimnis daraus, was sie da las. Das ginge niemanden etwas an, meinte sie, und damit hatte sie durchaus recht.

»Au weia«, sagte der Elch, als er einen kontrollierenden Blick nach draußen auf den Schlitten warf.

»Was denn?« fragte der Kameramann. »Irgendwas mit dem Schlitten nicht in Ordnung?«

»Doch, doch«, sagte der Elch, »es ist nur, ich sehe auf einmal zwei davon.«

»Das liegt bestimmt an der doppelten Verglasung der Fenster.«

»Nein, das liegt am Glühwein, der hat es wirklich in sich. Ich glaube, ich höre nach diesem Eimer auf und steige auf was Alkoholfreies um.«

»Vielleicht sollten Sie noch eine Kleinigkeit essen, das

hilft bestimmt«, sagte der Kameramann und reichte dem Elch die dampfenden Würstchen. Der griff dankbar zu.

Der Journalist blickte jetzt von seinem Teller auf, wischte sich den Mund mit einer Serviette und sah den Elch an.

»Sagen Sie mal, hat Ihr Chef eigentlich eine feste Beziehung?«

»Nein, seit ziemlich genau vier Jahren nicht mehr.«

»Und davor hatte er eine?«

»Ja.«

»Wie lange?«

»Dreieinhalb Jahre.«

»Und mit wem?«

»Nein, nein, nein«, sagte der Elch, »darüber spreche ich nicht – nicht darüber.«

»Ich darf Sie höflich an unsere Abmachung und den Scheck erinnern.«

Der Elch fuhr sich verlegen mit dem Huf über das Maul und schaute unsicher in die Runde. Der Kameramann und der Paparazzo hörten auf zu kauen, als hätten beide zur selben Zeit den gleichen Gedanken gehabt, was daran lag, daß sie zur selben Zeit den gleichen Gedanken gehabt hatten: Hier lag wahrscheinlich ein weiterer Knüller in der Luft.

»Na gut«, sagte der Journalist, »versuchen wir es anders. Hatte er diese feste Beziehung zu einer Frau?

»Nein«, sagte der Elch.

»Zu einem Mann?«

»Nein«, sagte der Elch.

Der Kameramann legte sein Besteck beiseite, kaute langsam weiter und griff erneut zur Kamera, während der Paparazzo mit einem leichten Schock zu kämpfen hatte. Der Weihnachtsmann trieb es mit etwas, das weder Mann noch

Frau war. Er glotzte den Elch an, als hätte er noch nie einen gesehen.

»Tut mir wirklich leid, aber ich bin total blockiert«, versuchte sich der Elch aus der Affäre zu ziehen, hatte damit aber keinen Erfolg. Natürlich blieb der Journalist jetzt hartnäckig, sonst wäre er kein Journalist.

»Mit einem Tier?« fragte er.

Der Elch schluckte verlegen und sagte nichts.

»Mit einem Huftier?«

Der Elch sagte nichts.

»Mit Ihnen?«

Der Elch saß da wie gelähmt, blickte ins Leere und sagte noch immer nichts. Der Journalist sprach jetzt leise, langsam und sehr eindringlich.

»Es genügt völlig, wenn Sie kurz den Kopf schütteln oder nicken, okay? Ich frage also noch einmal. Hatten Sie eine sexuelle Beziehung zu Ihrem Chef?«

Der Elch rührte sich keinen Millimeter und brachte keinen Ton heraus.

»Also gut, wir machen es folgendermaßen, ich zähle jetzt ganz langsam rückwärts von zehn bis null. Wenn Sie, während ich zähle, Ihr Würstchen nehmen, es in den Senf tunken und dann abbeißen, heißt das ›Nein‹, beißen Sie nicht ab, heißt das ›Ja‹. Alles klar? Ich fange jetzt an.«

Der Elch schaute wortlos auf das Würstchen vor sich auf dem Teller. Fast hatte man den Eindruck, er sei den Tränen nahe.

»Zehn!«

Der Journalist wartete eine Weile und zählte dann weiter.

»Neun!«

Der Paparazzo erholte sich langsam und nahm einen ordentlichen Schluck von dem inzwischen lauwarmen Glühwein, ohne den Elch aus den Augen zu lassen. In seinem Kopf hämmerte es: Beiß nicht ab, beiß nicht ab, mach was du willst, aber beiß nicht ab!

»Acht!«

Der Kameramann stieg vorsichtig auf einen Stuhl, um den Elch von oben zu filmen. Er liebte die Vogelperspektive, was wahrscheinlich auf seine Körpergröße zurückzuführen war, die gerade mal einmetersiebenundfünfzig betrug. Auch er hatte nur einen einzigen Gedanken: Hoffentlich läßt er das verdammte Würstchen auf dem Teller liegen.

»Sieben!«

Der Journalist sah den Elch mit zusammengekniffenen Augen an. Sein Verstand sagte ihm, die Chancen, daß der Elch nicht abbeiße, lägen so ungefähr bei fünfzig, fünfzig.

»Sechs!«

Prince sang jetzt: *Time!* Und nach jedem ›time‹ brummte der Baß: Buhumbumboho.

»Fünf!«

Buhumbumboho.

Der Elch rührte sich noch immer nicht, und die Hoffnungen der drei Männer stiegen.

»Vier!«

Buhumbumboho.

Der Elch bewegte sich.

»Drei!«

Buhumbumboho.

Er griff nach dem Würstchen, und die Hoffnungen der Männer schwanden.

»Zwei!«

Buhumbumboho.

Er tunkte das Würstchen in den Senf, starrte es einen Au-

genblick lang an und legte es wieder weg. Gleich war die Sensation perfekt.

»Eins!«

Buhumbumboho.

Der Elch seufzte.

»Null!«

Buhumbumboho.

Jetzt war die Sensation perfekt, und drei Männer atmeten auf. Der Elch schaute verschämt auf seinen Teller.

»In unserer Beziehung war von Anfang an der Wurm drin«, sagte er. »Dauernd hatten wir uns in der Wolle. Ich war eifersüchtig auf seine Seitensprünge. Das alles hat mich ganz schön zermürbt und sich nach und nach ziemlich negativ auf unsere Zusammenarbeit ausgewirkt. Gereizte Stimmung am Arbeitsplatz, blöde Machtspielchen, Drohungen, Vorwürfe und so weiter. Obwohl wir uns in vielerlei Hinsicht wirklich gut verstanden haben, bekamen wir die Sache nicht in den Griff. Aber wir wollten nicht einfach aufgeben und auseinander rennen. Also haben wir uns dazu durchgerungen, eine Paartherapie zu machen. An Zeit und Geld fehlte es schließlich nicht. Es hat aber furchtbar lange gedauert, bis wir einen Therapeuten gefunden hatten, der bereit war, mit dem Weihnachtsmann und einem Elch zu arbeiten und der uns darüber hinaus so sympathisch war, daß wir uns vorstellen konnten, die Sache mit ihm durchzuziehen. Als wir dann endlich einen gefunden hatten, ist der Typ ganz schön Schlitten mit uns gefahren, das kann ich Ihnen sagen. Na ja, das Ende vom Lied war dann die endgültige Trennung. Aber durch die Therapie haben wir auch unsere Freundschaft richtig schätzen gelernt. Im Nachhinein bin ich wirklich froh, daß wir genau so und nicht anders gehandelt haben. Die Zusammenarbeit klappt seitdem viel

besser als vorher. Tja, so war das«, seufzte der Elch abschließend in einem solch mitleiderregenden Ton, daß man meinen konnte, jetzt fiele doch noch eine dicke Elchträne auf seinen Teller, aber das war nicht der Fall.

Das Lied von *Prince* war zu Ende. Schweigend sah einer zum anderen und tat sich schwer damit, etwas zu sagen. Also trat eine verlegene Stille ein, von der niemand genau wußte, wie man sie am elegantesten beenden sollte. Zu aller Erleichterung piepste plötzlich ein Handy. Damit war das Thema vom Tisch und wurde nicht mehr angesprochen.

Der Elch war erlöst, und die drei Männer hatten die Sensation in der Tasche. Jetzt konnte ihnen nichts mehr passieren.

❄

»Meins ist es nicht«, sagte der Journalist und steckte sein Telefon wieder ein.

»Ich habe gar keins mit«, nuschelte der Kameramann, wühlte aber sicherheitshalber noch mal seine Taschen durch.

»Und meins ist ausgeschaltet«, sagte der Paparazzo.

Alle schauten jetzt den Elch an, der immer noch gedankenverloren vor sich hin starrte. Dann schaute er auf, sagte: »Oh!« und holte ein Handy hervor.

»Ja?« sagte er, hielt die Muschel zu und formte mit dem Maul lautlos die Worte: ›D e r C h e f‹, bevor er weitersprach.

»Was, jemand hat versucht, den Fahrstuhl so zu präparieren, daß er auf der Fahrt nach unten steckenbleibt? Das ist ja unglaublich, das ist ja...«

Der Elch schaute fragend in die Runde, aber die drei waren plötzlich sehr beschäftigt. Der Journalist blätterte konzentriert in seinem Notizblock, als suche er etwas, von dem mindestens sein Leben abhing. Der Paparazzo war gerade dabei einen neuen Film einzulegen. Seine geriffelte Stirn signalisierte, daß er jetzt auf gar keinen Fall gestört werden dürfe. Und der Kameramann machte Zeichen, daß die Natur ihm etwas abverlangte, das partout keinen Aufschub duldete und verschwand auf der Toilette.

»Aha, die Arbeit war so stümperhaft, daß es gleich aufgefallen ist«, sagte der Elch, und der Paparazzo gab ein gekünsteltes Hüsteln von sich, um dem Journalisten auf diese Weise einen leichten Vorwurf zukommen zu lassen.

»Was...? Nein... keine Ahnung, wer dahinter steckt. Die Augen offenhalten – natürlich. Ja, ja, ich hab hier unten alles im Griff, wärme mich nur eben auf. Gut... in ungefähr zwanzig Minuten bin ich so weit... alles klar. Ciao!«

Der Elch klappte das Handy zu und steckte es weg. Der Film war eingelegt, der Journalist gab die Suche in seinem Notizbuch auf, und der Kameramann kam zurück.

»Das wart ihr, stimmt's?« sagte der Elch, ohne daß ihm auffiel, daß er gerade vom ›Sie‹ abgewichen war. Der Journalist hob entschuldigend die Hände.

»Wir wollten nur ein bißchen Zeit gewinnen, das war alles.«

»So hätte das aber nichts gebracht«, sagte der Elch.

»Wieso nicht?«

»Sie haben den Fahrstuhl so präpariert, daß er auf der Fahrt nach *unten* steckenbleiben mußte.«

»Na und?« sagte der Paparazzo.

»Der Weihnachtsmann ist dick, und dicke Leute neigen zur Bequemlichkeit, deshalb fährt der Chef bei Hochhäusern mit dem Fahrstuhl immer ganz nach oben und beschert auf dem Weg nach unten. Treppen steigen kann er nämlich auf den Tod nicht ausstehen. Aber selbst wenn Ihr Plan funktioniert hätte, wäre das nicht von Nutzen gewesen. Sie haben bei Ihren Recherchen doch sicherlich herausgefunden, daß der Mann nicht nur fliegen kann, sondern auch die Fähigkeit besitzt, sich an vielen Orten gleichzeitig aufzuhalten, oder?«

»Natürlich«, antwortete der Journalist.

»Gut, nur so ist es schließlich möglich, das Weihnachtsgeschäft an einem einzigen Abend durchzuziehen. Aber klar ist doch wohl eins, wenn sich jemand an vielen Orten gleichzeitig aufhalten kann, stört ihn ein steckengebliebener Fahrstuhl nicht die Bohne.«

Der Kameramann schlug sich mit der flachen Hand an die Stirn und sagte: »O Mann, sind wir blöd!«

»Wem sagst du das?« fragte der Paparazzo.

»Dir«, sagte der Kameramann.

»Machen Sie sich nichts draus«, sagte der Elch tröstend. »Sie haben schließlich, was Sie wollten.«

»Noch nicht ganz!« rief der Paparazzo aufgeregt. »Das Fliegen, wie geht das mit dem Fliegen, das möchte ich noch wissen.«

»Ich auch«, sagte der Kameramann.

»Wenn wir die Zeit noch haben«, sagte der Journalist und schaute auf die Uhr. »Ich meine, es ist bestimmt besser, wir begegnen Ihrem Chef nicht, oder?«

»Sehr viel besser, wenn Sie nicht die Welt des Schmerzes betreten wollen«, sagte der Elch ernst. »Aber wir haben bestimmt noch eine gute Viertelstunde.«

»Na, dann schießen Sie mal los«, drängte der Paparazzo.

»Ich sagte ja schon, daß wir seit langem ohne diesen komplizierten Mechanismus fliegen, der alle zehn Sekunden kaputtging und mühevoll repariert werden mußte. Nach etlichen Jahren stellte sich nämlich heraus, daß der überhaupt nicht nötig war. Eines Tages kam so ein Tüftler zu Besuch, der früher mit dem Chef ein paar krumme Sachen gedreht hatte. Der hatte lange darüber nachgedacht und schließlich herausgefunden, wie man einfach so, ohne große Schwierigkeiten fliegen kann. Wir waren damals total verblüfft darüber, wie einfach das war. Anfänglich hatten wir zwar noch einige Probleme mit der Landung, aber nachdem wir ein paar Änderungen an dem Schlitten vorgenommen hatten, klappte das dann ganz prima.«

Als der Elch die ›krummen Sachen‹ erwähnte, machte sich der Journalist noch einmal eine Notiz.

»Und was ist nun das große Geheimnis des Fliegens?« fragte der Paparazzo.

»Ist kein Geheimnis«, sagte der Elch. »Man kann heute überall nachlesen, wie das geht. Es ist nur so verblüffend einfach, daß die Leute es von vornherein nicht glauben und erst gar nicht ausprobieren. Wenn sie das täten, hätten die Fluggesellschaften von heute auf morgen ganz enorme Umsatzschwierigkeiten.«

»Na, wenn man nachlesen kann, wie das geht, dann können Sie es uns doch auch sagen, oder?« sagte der Kameramann.

»Na klar«, antwortete der Elch. »Sie müssen sich einfach nur auf den Boden werfen, aber knapp daneben. Das ist alles.«

Die drei schauten sich ungläubig an. Dann sagte der Paparazzo: »Genial, auf den Boden werfen, aber knapp daneben. Also gut, ich versuche es.« Der Elch wollte noch etwas sagen, aber da war der Paparazzo schon hinaus geeilt. Der Journalist, der Kameramann und der Elch drückten sich an der Fensterscheibe die Nasen platt. Dann signalisierte der Paparazzo, daß es jetzt losginge.

»Ob das klappt?« fragte der Kameramann. »Vielleicht sollte ich das lieber filmen?«

»Nee«, antwortete der Elch. »Das klappt nicht.«

Der Elch hatte recht. Der Paparazzo nahm Anlauf und plumpste dann dumpf in den Schnee.

»Ich wollte noch erwähnen, daß es nur dann richtig funktioniert, wenn man sich ein bißchen Sternenstaub in die Hosentaschen steckt«, sagte der Elch, als der Paparazzo das Lokal wieder betreten hatte.

»Und warum haben Sie es nicht erwähnt?«

»Weil Sie so schnell draußen waren.«

»Sternenstaub«, fluchte der Paparazzo.

»Ja, Sternenstaub«, sagte der Elch.

»Sehr komisch«, meinte der Paparazzo und schlug sich den Schnee von den Kleidern. »Wo sollen wir denn Sternenstaub herkriegen, Sie Witzknoten?«

»Stimmt, aber Sägemehl tut's auch«, knurrte der Elch. »Stecken Sie sich einfach etwas Sägemehl in die Taschen. Ist fast so gut wie Sternenstaub und sogar noch etwas leichter.«

»Das mit der Fliegerei können wir später immer noch üben«, unterbrach jetzt der Journalist und wollte wissen, was der Weihnachtsmann für einen Trick anwendet, um sich an vielen Orten gleichzeitig aufhalten zu können.

»Das kann ich beim besten Willen nicht verraten«, sagte der Elch, »für keinen Scheck der Welt. Der Trick, sich an vielen Orten gleichzeitig zu befinden, ist nämlich noch viel, viel simpler als das Fliegen. Es ist so poplig einfach, daß im

Vergleich dazu eine so einfache Tätigkeit wie Sich-an-die-Stirne-Tippen, als hochgradig schwierig zu bezeichnen wäre. Wenn ich Ihnen jetzt verrate, wie das geht, und das sickert durch, dann gibt es Probleme ohne Ende, gar nicht auszudenken.«

»Probleme, wieso?« fragte der Paparazzo.

»Ist doch klar«, sagte der Kameramann, »Überbevölkerung, Durcheinander, Chaos, Katastrophen im ganz großen Stil, gar nicht auszudenken.«

»Da ist was dran«, bemerkte der Journalist und schaute etwas unruhig auf die Uhr. »Wir sollten wirklich langsam zum Ende kommen. Ich würde Ihnen jetzt gerne noch zehn kurze Fragen hintereinander stellen und möchte Sie bitten, möglichst schnell und spontan zu antworten. Einverstanden?«

Der Elch war einverstanden. Der Journalist bat den Paparazzo, inzwischen bei Monika die Rechnung zu begleichen, was dem Kameramann überhaupt nicht schmeckte. Er drängelte sich vor und sagte, das übernähme selbstverständlich er.

»Und wer filmt bitte das abschließende Kurzinterview?« fragte der Journalist leicht gereizt, als er sah, daß die Auseinandersetzung in ein Handgemenge auszuufern drohte. Er fingerte einen DIN-A4-Bogen aus der Innentasche seiner Jacke, faltete ihn auseinander und legte ihn auf den Tisch. Genervt gab der Kameramann nach, griff zur Kamera und fluchte leise, während sich der Paparazzo bei Monika nach der Gesamtsumme ihrer Verbindlichkeiten erkundigte.

»Also gut, los geht's«, sagte der Journalist.

»1. Sie erfüllen zusammen mit Ihrem Chef jedes Jahr Millionen von Wünsche. Was ist Ihr größter Wunsch?«

»Eine Tour lang hinten auf dem Schlitten sitzen und mich vom Chef ziehen lassen.«

»2. Glauben Sie an Gott? Wenn ja, was denken Sie, wieviel er wiegt?«

»Ich glaube an den Weihnachtsmann und weiß, was er wiegt. Nichts gegen Gott, aber der ist mir eine Idee zu abstrakt.«

»3. Denken Sie manchmal ans Aufhören?«

»Jedes Jahr am 23. Dezember. Aber nach der Tour ist das vergessen, besonders wenn die Kritiken positiv ausfallen, und das tun sie fast immer.«

»4. Sie bereisen viele Länder. Wie sieht es mit Ihren Sprachkenntnissen aus?«

»Beschissen.«

»5. Wieviel verdient der Weihnachtsmann jährlich an Werbung und Merchandising?«

»Kein Kommentar.«

»6. Nennen Sie zehn nützliche Dinge, die Sie können.«

»Einen Schlitten ziehen. Nett sein. Ein Gedicht aufsagen. Rentierbraten zubereiten und servieren. Putzen. Eine Straßenkarte lesen. Holz hacken. Fliegen. Geschenke einpakken. Vor einer Kamera reden.«

»7. Und jetzt bitte zehn nützliche Dinge, die Sie nicht können.«

»Mich in verkehrsberuhigten Zonen zusammenreißen und dreißig fliegen. Einen Verbrennungsmotor reparieren. Algebrarechnungen lösen. Tapezieren. Ein Loch graben. Ein Boot handhaben. Diavorträge halten. Länger als dreißig Sekunden unter Wasser bleiben, ohne in Panik zu geraten. Jemanden etwas über die Reformation beibringen. Eine Operette bis zum Schluß durchhalten.«

»8. Wenn Sie drei Dinge mit auf eine einsame Insel nehmen dürften, was wäre das?«

»Drei Elchkühe – junge.«
»9. Mit wem würden Sie gern einmal zu Abend essen?«
»Dem Osterhasen.«
»10. und letzte Frage: Wer ist Ihr Lieblingsschauspieler?«
»Der Papst.«
»Ich danke Ihnen.«
»Nicht dafür.«
»Los Jungs, packt alles zusammen, damit wir hier weg kommen«, rief der Journalist und klatschte dabei in die Hände. Jetzt hatten es die drei auf einmal sehr eilig.
»Sie haben mich gar nicht nach meinem Lieblingsgericht gefragt«, sagte der Elch in einem leicht beleidigten Tonfall.
»Aber das kennen wir doch schon, Rentiersteak schwedischer Art mit Morcheln und Schloßkartoffeln.«
»Ach ja, stimmt ja,« sagte der Elch und schlug sich mit dem Huf an die Stirn.

❄

Kurz darauf war alles zusammengepackt, und der Kameramann, der Paparazzo und der Journalist waren zum Aufbruch bereit. Monika legte ihr Buch beiseite, um sich von ihren Gästen zu verabschieden.
»Darf ich die Herren noch zu einem kleinen Absacker einladen?« fragte der Elch. »Ich selbst darf zwar nichts mehr trinken, aber Sie haben ja jetzt Feierabend.«
»Gern«, sagte der Journalist.
»Warum nicht«, sagte der Kameramann.
»Klar, logisch«, sagte der Paparazzo.
»Was darf es denn sein?« wollte Monika wissen. »Grappa?«
Die drei Männer nickten, der Elch bestellte für sich einen

doppelten Espresso und entschuldigte sich dann, er müsse mal dringend für kleine Elche. Kaum hatte der Elch den Raum verlassen, boxten sich die drei Männer gegenseitig vor lauter Freude und machten die Beckerfaust, als hätten sie gerade zum dritten Mal in Folge Wimbledon gewonnen und den letzten Satz mit einem As beendet.

»Mann, o Mann, die Story ist unbezahlbar, das ist... phantastisch. Wir haben es geschafft, das ist der absolute Knüller«, jubelte der Paparazzo und schlug sich mit der Faust in die flache Hand.

»Die Wahrheit über den Weihnachtsmann und den Elch in Bild und Ton«, schwärmte der Kameramann. »Unglaublich, wenn wir wollen, können wir uns zur Ruhe setzen.«

»Das können wir in der Tat«, sagte der Journalist und blätterte mit glänzenden Augen in dem Notizblock. »Wer-

den wir aber nicht. Das hier ist einzigartig. Wir werden weltweit Vorträge halten und mehr Zeit in Talkshows als in unserem Wohnzimmer verbringen. Man wird Bücher über uns schreiben, und wir werden Bücher schreiben. Unsere Geschichte wird in wer weiß wie viele Sprachen übersetzt. Im Vergleich zu dem, was wir hier in den Händen haben, ist die Aufdeckung der Watergate-Affäre der reinste Peanuts-Kram. Hollywood wird sich um uns und unsere Story reißen. Allein die Verfilmung wird Millionen einbringen, für jeden von uns. Kein Mensch wird mehr von der Titanic sprechen. Sie werden unser Leben verfilmen. Die Welt wird uns zu Füßen liegen. Wir werden unseren Platz in den Geschichtsbüchern haben. Führende Politiker werden stolz darauf sein, uns die Hände schütteln zu dürfen. Wir werden den Friedensnobelpreis bekommen. Freunde, wir sind mit dem heutigen Tag unsterblich geworden – mindestens. Prost.«

Die drei hoben ihre Gläser und stießen ohne den Elch an, der offensichtlich ein größeres Geschäft zu erledigen hatte. Sie wollten aber nicht unhöflich erscheinen und ließen von Monika noch einmal nachschenken. Dann hingen sie, jeder für sich, ihren Gedanken nach und genossen die Zukunftsaussichten, die der Journalist gerade so treffend geschildert hatte. In ihrem Innern jubilierte es ohne Ende, und sie hätten die Welt auf der Stelle umarmen können. Sie empfanden ihr Glück als so unfaßbar, daß ihnen alles vorkam wie im Traum und es jetzt nur noch darum ginge, möglichst nicht aufzuwachen.

»Da arbeitet man am Weihnachtsabend ein paar Stunden«, sagte der Kameramann, »und hat seinen Platz in der Welt gefunden. Wer hätte das gedacht?«

»Ich«, sagte der Paparazzo.

»Nee, ist klar«, sagte der Kameramann abfällig.

»Wir werden aber auch einen Feind haben, den wir nicht unterschätzen sollten«, sagte der Journalist, was eine gewisse Ernüchterung zur Folge hatte. »Den Weihnachtsmann, der wird unsere Aktion nämlich alles andere als witzig finden.«

Der Paparazzo winkte ab und kicherte: »Ich möchte zu gern dem sein blödes Gesicht sehen, wenn die Geschichte an die Öffentlichkeit kommt.«

»Ich auch«, sagte der Kameramann.

»Vielleicht läßt sich das sogar bewerkstelligen«, meinte der Journalist nachdenklich und kratzte sich am Kopf.

»Das glaube ich kaum«, mischte sich jetzt der Elch ein, der auf einmal wieder neben ihnen stand und ein ganz selt-

sames Lächeln lächelte. Ein Lächeln, das sich aus Schadenfreude, Überheblichkeit und Genugtuung zusammenzusetzen schien. Niemand hatte bemerkt, daß er wieder zurückgekommen war, und plötzlich fröstelten die drei, weil ein kalter Hauch durch den Raum wehte und auf der Stelle Eiseskälte in ihre Knochen trieb. Was sie ebenfalls nicht bemerkten, war, daß Monikas freundliches Lächeln verschwunden war und sie sich mit ernster Mine an dem CD-Player zu schaffen machte.

»Und warum nicht?« fragte der Paparazzo.

»Weil es nicht dazu kommen wird«, sagte der Elch und deutete hinter sich. Die drei Männer drehten sich um und erstarrten. Vor ihnen stand der Weihnachtsmann und sah ganz und gar nicht so aus, als habe er die Absicht, Weihnachtsgeschenke zu verteilen. Der dicke Vorhang hinter ihm, der als Windschutz diente, wölbte sich in der Winterluft.

»Verfluchte Scheiße«, sagte der Paparazzo und sprach damit den anderen beiden aus der Seele.

❄

Die drei kamen sich vor wie in einem Film, der weder farbig noch schwarzweiß war und sich keinem bekannten Genre zuordnen ließ. Sie schauten der Realität ins Gesicht und dieses Gesicht war vom Wetter gegerbt und sah aus, als hätte man es aus alten Schuhsohlen zusammengenäht. Es hatte einen langen weißen Bart und machte alles andere als einen freundlichen Eindruck. Das große Glücksgefühl sickerte aus den Männern heraus wie Wasser aus einem Blumentopf, und machte einem Unbehagen Platz, das ihnen den Magen umzudrehen drohte und sich wie eine schwere Seekrankheit anfühlte. Schwankend erwachten sie aus ihren Träumen und das viel, viel schneller als es ihnen lieb war. Das hier war kein Spaß, sondern todernst. Der Weihnachtsmann stand mit geöffnetem Mantel da und hatte einen Revolvergurt mit Waffenfüllung um die Hüften geschnallt. Seinem entschlossenen Blick hätte selbst *Clint Eastwood* nicht standhalten können. Zu allem Überfluß erklang aus den Lautsprecherboxen jetzt die Titelmusik aus dem Film: *Spiel mir das Lied vom Tod*. Verblüfft drehte sich der Kameramann zu Monika um und sah zu seiner Überraschung einen eiskalten Engel mit verschränkten Armen

hinter der Theke stehen. Der erste, der die Worte wiederfand, war der Journalist. Genaugenommen war es nur ein Wort, er sagte: »Komplott!« Daraufhin grinsten der Weihnachtsmann, der Elch und Monika zustimmend.

»Frohes Fest!« sagte der Weihnachtsmann mit einer Stimme, die stark an die Synchronstimme von *Walter Matthau* erinnerte. Niemand antwortete.

»Ich sagte – frohes Fest!« knurrte der Weihnachtsmann noch eine Nuance bedrohlicher.

»Frohes Fest«, sagten die drei kleinlaut.

»Wie war das? Ich habe kein Wort verstanden!«

»Frohes Fest«, sagten die drei noch einmal, diesmal eine Idee kräftiger als kleinlaut. Der Weihnachtsmann zog eine Waffe und richtete sie auf die drei.

»Singen!« befahl er.

»Was denn?« fragte der Journalist.

»O du fröhliche«, antwortete der Weihnachtsmann, »aber laut, kräftig und überzeugend.«

Monika stellte die Stereoanlage aus. Der Journalist zählte leise an und die drei sangen ›O du fröhliche‹ so laut, kräftig und überzeugend, wie es ihnen in dieser Situation möglich war. Der Elch half ihnen, wenn sie Schwierigkeiten mit dem Text hatten, und die hatten sie mehr als nur einmal.

»Na ja!« sagte der Weihnachtsmann, als sie geendet hatten. »Das war eine ziemlich grauenvolle Vorführung. Jetzt legt mal Filme, Fotoapparat, Kamera und Notizblöcke schön hier vor mir auf den Boden, damit ihr keinen unnötigen Ballast mit euch herumtragt während des Tanzens.«

»Tanzen?« fragte der Paparazzo, als er seine Utensilien auf den Fußboden legte.

»Wirst schon sehen«, grinste der Weihnachtsmann.

Als alle Dinge auf dem Boden lagen, kramte der Elch

einen Sack hervor und packte sie ein. Dann schlug der Chef seinen Mantel zurück, und es kam, auf der linken Seite seiner Hüfte, eine zweite Waffe zum Vorschein. Ohne den Blick von den dreien zu nehmen, zog er sie langsam aus dem ledernen Halfter und richtete sie auf seine Gegner. In den bleichen Gesichtern der Männer spiegelte sich das pure Entsetzen. Na gut, sie hatten sich nicht ganz korrekt verhalten, den Elch bestochen und betrunken gemacht und wertvolle Geheimnisse aus ihm herausgeholt, aber schließlich hatten sie die Sache auch selbst vermasselt. War das nicht Strafe genug? Natürlich war es das. Am Heiligabend vom Weihnachtsmann persönlich das Lebenslicht ausgeblasen zu bekommen, hatte niemand verdient, nicht einmal sie. Aber wie die Dinge lagen, sah es verdammt so aus, als würde der alte Mann nicht lange fackeln. Jetzt war auch klar, warum sich der Elch auf die Frage, ob der Weihnachtsmann schon mal auf jemanden geschossen habe, so eisern in Schweigen gehüllt hatte. Zweifellos standen sie einem durchgeknallten Typen gegenüber, der wesentlich mehr auf dem Kerbholz hatte, als sie geahnt hatten. Das heißt, jetzt ahnten sie es schon, nur war es jetzt zu spät.

»So«, sagte der Weihnachtsmann, »nun macht mir mal schön den Hupfgeigenhansel.« Er ließ die Waffen gekonnt an seinen Zeigefingern kreisen. Die drei hatten noch Gelegenheit, einmal trocken zu schlucken, bevor der Chef anfing, dem Paparazzo, dem Kameramann und dem Journalisten direkt vor die Füße zu ballern. Die drei hüpften vor ihm herum, wie man es aus alten Wildwestfilmen kannte. Der Weihnachtsmann schrie laut: »Juchhuuuuh!« und hatte seine helle Freude. Monika legte eine CD mit Square Dance auf und klatschte den Rhythmus mit. Der Elch tat es ihr nach und das Lokal hätte jedem Saloon im wilden Westen

alle Ehre gemacht. Die Hüpferei tat den dreien ganz gut. Allmählich wich die Blässe aus ihren Gesichtern, und sie bekamen wieder eine gesunde Farbe.

»So, Freunde!« rief der Weihnachtsmann, als er genug hatte und abzusehen war, daß den Tänzern bald die Puste ausgehen würde. »Jetzt zähle ich bis drei, und wenn ich dann noch etwas von euch sehe, schieße ich euch den Arsch ab. Eins... zwei...«

Die drei stürzten zur Tür und verschwanden so schnell wie möglich in der Dunkelheit. Der Weihnachtsmann steckte die Schießeisen weg und lachte Tränen.

»Die hatten die Hosen so gestrichen voll, daß sie gar nicht gemerkt haben, daß das nur Platzpatronen waren«, lachte er und steckte die Schießeisen weg.

»Einen Drink?« fragte ihn Monika.

»Gerne Schätzchen«, sagte er. »Wie gefällt dir übrigens das Buch, das ich dir geschenkt habe?«

»Klasse«, sagte sie, »aber das richtige Leben ist auch ganz schön verrückt.«

»Verrückt ist, daß wir jetzt auch noch den Film zum Buch haben«, freute sich der Elch und deutete auf den Sack mit den Hinterlassenschaften der drei. »Die haben mir wirklich alles abgekauft, die Sache mit dem Synchronschwimmen, dem Pistolenschießen und für dein Intimleben haben sie sogar noch mal richtig was springen lassen.« Der Elch zückte den Scheck und wedelte damit herum. »Moni hat ihre Sache auch super gemacht. Aber jetzt brauche ich endlich einen Grappa, ich habe zuviel von diesem alkoholfreien Glühwein getrunken. Was war da eigentlich drin?«

»Saft«, lachte Monika, »heißer Saft.«

»Ich habe übrigens mit dem *Stern* und dem *Spiegel* telefoniert, beide sind an dem Material brennend interessiert«, sagte der Weihnachtsmann und deutete auf den Sack.

»Geil!« sagten Monika und der Elch wie aus einem Mund.

»Du hast diesen Stümpern doch nicht den Trick verraten, wie man an vielen Orten gleichzeitig sein kann?« fragte der Chef besorgt.

»Nein, natürlich nicht, aber daß wir eine Paartherapie gemacht haben.«

»Du solltest doch die privaten Dinge nicht herumerzählen, das hatten wir abgemacht«, sagte der Weihnachtsmann. Aber der Elch zuckte nur mit den Schultern.

»Apropos privat, Monika, darf ich dich zu einem kleinen Rundflug einladen, du weißt schon, was ich meine?«

Der Weihnachtsmann zwinkerte ihr zu. Monika schaute ihn lasziv an und sagte dann: »Gern, aber was ist mit dem Laden?«

»Den machst du so lange dicht. Heiligabend ist eh nicht so viel Betrieb.«

»Na gut«, stimmte Monika zu.

»Also los«, sagte der Chef. »Auf geht's, ich muß nur vorher noch eine Kleinigkeit essen.«

Der Elch schnappte sich den Sack und fragte: »Nach Barcelona ins ELCHE?«

»Du hast es erfaßt.«

Die drei verließen das Lokal und gingen zum Schlitten, der inzwischen ziemlich eingeschneit war. Auch von dem Baum, der aus dem Fenster geworfen worden war, war nichts mehr zu sehen. Lediglich eine leichte Unebenheit ließ vermuten, daß sich da irgend etwas unter der dicken Schneedecke verbarg. Der Elch schnallte sich das Geschirr um und hängte sich eine Glocke um den Hals. Monika

nahm hinten neben dem Weihnachtsmann Platz und legte ihren Kopf auf seine Schulter. Dann ging es mit weihnachtlichem Gebimmel los. Die Kufen des Schlittens hinterließen breite Spuren im Schnee, die aber nach einigen Metern abrupt aufhörten. Das war die Stelle, an der sich der Elch auf den Boden geworfen hatte, aber knapp daneben.

Der Paparazzo, der Kameramann und der Journalist hatten sich einigermaßen von dem Schreck erholt und waren auf dem Weg nach Hause. Sie wurden am heutigen Abend die einzigen Augenzeugen des glitzernden Gespanns, das bimmelnd über sie hinwegflog. Beeindruckt blieben sie stehen und sahen dem fliegenden Schlitten hinterher. Einen Moment lang sah es ganz so aus, als ob der Elch ihnen zuwinkte. Dann fiel plötzlich etwas vor ihnen in den Schnee. Der Kameramann hob es auf. Es war ein Buch, Monikas Buch, und es trug den Titel: *Ein Elch packt aus.*

Die drei brachen in schallendes Gelächter aus, fingen an, sich mit Schneebällen zu bewerfen und riefen sich gegenseitig immer wieder zu: »Frohes Fest!«

Rezeptteil

Vorspeise:

Feine Consommé mit Sternchen

80 g Sternchennudeln, Salz, 1/2 Suppenhuhn,
1 Bund Suppengrün, 1 ungeschälte Zwiebel,
1 Lorbeerblatt, 1/2 l Wasser, 1 Eiweiß,
1 große Möhre, 1 Lauchstange,
100 g Zuckerschoten, 1 Bund Petersilie

Die Sternchennudeln in 1–2 Liter kochendem Salzwasser 9 Minuten bißfest garen und abtropfen lassen.

Das Suppenhuhn in den Topf geben. Suppengrün putzen und kleinschneiden, die Zwiebel halbieren und beides zum Huhn geben. Wenig Salz und das Lorbeerblatt mit dem kalten Wasser zugeben und zum Kochen bringen. 1 1/2 Stunden bei kleiner Hitze köcheln, zwischendurch immer wieder den Schaum von der Oberfläche abschöpfen.

Nach Ablauf der Kochzeit das zu steifem Schnee geschlagene Eiweiß unterziehen. Nachdem der Eischnee aufgestiegen ist, die gebundenen Trübstoffe abschöpfen und die Brühe absieben.

Die Möhre und den Lauch putzen und in sehr feine Streifen schneiden. Die Zuckerschoten waschen. Das Gemüse in die Brühe geben und 10 Minuten garen. Das Huhn herausnehmen, das Fleisch vom Knochen trennen und zurück in den Topf geben. Die Sternchennudeln zugeben und in der Brühe erwärmen. Die Petersilie waschen, hacken, die Suppe damit bestreuen und servieren.

❄

Hauptspeise:

Rentiersteak schwedischer Art

600 g Renfilet, Olivenöl, Salz,
Pfeffer, Mehl, Butter,
1 Zwiebel, Petersilie, Zitronensaft,
1 Glas trockenen Weißwein,
50 g Morcheln, Kartoffeln nach Bedarf

600 g Gramm Renfilet in Scheiben schneiden, salzen, pfeffern und durch Mehl ziehen. 1 Zwiebel schälen und hacken. Olivenöl erhitzen und das Filet rasch braten. Dann aus der Pfanne nehmen und warm stellen. Den Bratensatz mit einem Glas Weißwein löschen, den Bratensaft hinzugeben, gut verkochen und mit Zitronensaft abschmecken.

Die gehackte Zwiebel in Butter kräftig anschwitzen und darin die Morcheln erhitzen. Das Ganze mit etwas Sahne binden und neben den Steaks anrichten. Dazu Schloßkartoffeln: Kartoffeln auf Mirabellengröße zurechtschneiden, in heißer Butter goldgelb braten, leicht salzen und mit gehackter Petersilie bestreuen.

Dessert:

Schneebälle nach Großmutterart

4 Eiweiß, 150 g Zucker,
10 g gehobelte Mandeln, 1 Vanilleschote,
500 ml Milch, 4 Eigelb, Salz

Das Eiweiß schlagen und mit 50g Zucker und etwas Salz abschmecken. Mit einem Löffel in siedendes Wasser abstechen. Ca. 5 Minuten ziehen lassen, dann umdrehen, nach weiteren 10 Minuten aus dem Wasser nehmen und auf einem Gitter abtropfen lassen.

Währenddessen in einer Kasserolle 2 Eßlöffel Zucker und 1 Eßlöffel Wasser karamelisieren. Die Schneebälle mit gehobelten, gerösteten Mandeln überstreuen und mit Karamel überziehen.

Die Vanilleschote der Länge nach aufschneiden, Mark auskratzen. Schote und Mark mit der Milch aufkochen. Das Eigelb mit dem restlichen Zucker schaumig rühren. Die heiße Vanillemilch in die Ei-Zucker-Masse einrühren. Am Plattenrand mit einem Holzlöffel solange rühren, bis die Flüssigkeit beim Herausziehen des Löffels leicht daran haften bleibt.

Die Vanillesauce auf eine Platte geben und die Schneebälle darauf anrichten.

❄

Der Weihnachtsmann wünscht
guten Appetit.